小古文遇见大语文

先秦篇

童铃 著

中国妇女出版社

图书在版编目（CIP）数据

小古文遇见大语文．先秦篇 / 童铃著．-- 北京 ：
中国妇女出版社，2024.6
ISBN 978-7-5127-2383-2

Ⅰ.①小… Ⅱ.①童… Ⅲ.①文言文－中小学－教学
参考资料 Ⅳ.①G634.303

中国国家版本馆CIP数据核字（2024）第078693号

责任编辑：朱丽丽
封面设计：付 莉
责任印制：李志国

出版发行：中国妇女出版社
地 址：北京市东城区史家胡同甲24号 邮政编码：100010
电 话：（010）65133160（发行部） 65133161（邮购）
网 址：www.womenbooks.cn
邮 箱：zgfncbs@womenbooks.cn
法律顾问：北京市道可特律师事务所
经 销：各地新华书店
印 刷：鸿博昊天科技有限公司

开 本：165mm×235mm 1/16
印 张：9.25
字 数：100千字
版 次：2024年6月第1版 2024年6月第1次印刷
定 价：59.80元

如有印装错误，请与发行部联系

推荐序

古人云“经天纬地曰文”，又说“文以载道”。与古诗重在个体的情感体验不同，古文承载了古圣先贤对宇宙、社会以及人生更广泛深刻的思考。可以说，一部中国散文史也是一部中国思想史、中国文化史。称古文是中国传统文化之根，是毫不过分的。

今天我们要弘扬国学，离不开好的古文读本。眼下最流行的古文选本《古文观止》是清代蒙学科举的产物，时代迫切需要新的古文选本，以服务于中小学国学教育。本套书的作者童铃，毕业于浙江大学中文系，多年关注中小学语文教育，因此，由她所著的这套《小古文遇见大语文》系列图书的出版是非常及时的。

古文选本之难在于选文。浩如烟海的古代文章，经过历代不断遴选，精华毕现。但如何适应当下，仍然要大费周章。童铃老师对此成竹在胸。古文从开端就有记事说理之分。本套书考虑得很周全，先秦文选《山海经》《左传》，前者按空间记事，后者按时间叙事；说理文选《庄子》《孟子》《韩非子》，分别代表道家、儒家和法家，也是影响较大的“诸子”。魏晋南北朝时期，作者选了优美隽永的《世说新语》。唐宋古文最为大宗，甄选也更见匠心。韩愈为唐宋八大家之首，《古文观止》选篇最多，但他的《原道》《原毁》等不易为孩子们接受，本套书中的两篇选文都是情文并茂的佳作。明清古文的选择上，则注重作者的情趣与文章的格调。晚明张岱和清代的袁枚皆以性情美文见长。可以说，本套书的选文尽为美篇佳什。

古文信息量大、难度高，不如诗歌朗朗上口。如何不拒人于千里，让人喜读、爱读是关键。童铃老师显然在内容编排上下足了功夫。首先，从文章阅读来说，要有解答疑难的注释。作者对一些生僻的字词典故的注释，可让读者增长知识、拓宽视野。同时，本套书附有准确的译文供参考。其次，本套书有贴近学生的知识链接“背后的故事”“古文趣味小课堂”等，这些板块一下拉近了今人与古人的距离，如坐室中对谈，春风拂面。最后，作者深耕文学有年，熟悉古文的写作技法与流派，因此解读古文有独特的视角观点，不少地方可启发读者进一步思考。

本套书的排版及印制都很精美，与内容交相辉映，可谓合璧。读者可追随作者的思路，由先秦至明清，系统欣赏古代美文，也可以根据自己的兴趣特点，进行选择性阅读，一点一滴培养自己的古文语感，积累国学知识。

先哲有言：积跬步以至千里。在中华民族伟大复兴的历程中，作为中华灿烂文化的传承者，让我们打开这套书，与那一个个伟大而有趣的灵魂相遇吧。希望大家喜欢这套书，喜欢读书。

北京师范大学文学院副教授

方　韬

2024年4月25日

目 录

《山海经》

《左传》

庄 子

孟 子

韩非子

《山海经》

背景链接

《山海经》是先秦时期的一部奇书，作者不详。

《山海经》共十八卷，内容涉及上古民间传说中的地理、历史知识，包括山川、地理、民族、物产、药物、祭祀、巫医以及古代历史、文化、中外交通等诸多方面，保存了不少远古神话传说，被后人称为上古社会生活的一部百科全书。

《山海经》是保存中国神话最多的一部古书

《山海经》里有众多脍炙人口的传说，如夸父逐日、精卫填海、大禹治水等。有人可能会问，先民们根本不懂世界是怎么回事，他们讲的故事有意义吗？其实先民们无拘无束的头脑展开的想象非常有趣，为后世文人提供了很多创作灵感。

我们先来看看诗人。陶渊明的诗《读山海经》（其十）写道："精卫衔微木，将以填沧海。刑天舞干戚，猛志固常在。"诗中一下子用到精卫填海、刑天舞干戚两个神话故事典故，赞美了古人对自由的向往以及反抗精神；李白的诗《短歌行》里写道："吾欲揽六龙，回车挂扶桑。"诗中的"扶桑"就是《山海经》中讲到的东海中的一种神木。

小说家们也不遑多让。比如，《山海经·海外西经》曾写到过女子国："女子国在巫咸北，两女子居，水周之。"意思是女子国在巫咸国的北边，两个女子居住在这里，一条河流环绕着她们。这里有两个关键点：一是女子国，二是国家被水环绕。从史书到明清小说，多次出现了纯粹的女性世界，如《三国志·后汉书》《梁书》《南史》都有关于女子国的记载。看过《西游记》的人都知道唐僧师徒四人西行路过西梁女国，东边的清水河叫子母河，人们只要喝了子母河里的水就会怀孕。清代学者纪昀认为，《山海经》"实则小说之最古尔"。

《山海经》看似离奇，其实是中国传统文化中的一座巨大的宝库，值得我们每一个人认真品读。

作品选读 1

精卫填海

又北二百里，曰发鸠之山，其上多柘木。有鸟焉，其状如乌，文首、白喙、赤足，名曰精卫，其鸣自詨[①]。是炎帝之少女[②]名曰女娃，女娃游于东海，溺而不返，故为精卫，常衔西山之木石，以堙于东海。漳水出焉，东流注于河。

——选自《山海经·北山经》

鸟兽的嘴。
花纹。
小女儿。
黄河。
发源。

解读

① 这种鸟的叫声为“啾啾”，所以人们称之为精卫鸟。这和布谷鸟的命名缘由相同，布谷鸟“布谷”“布谷”地叫，也是“其鸣自詨”。

② 传说炎帝一共有四个女儿，前两个女儿都没

有名字流传下来，被称为无名少女和赤帝女。三女儿名为瑶姬，就是神话故事中经常提到的巫山神女。最小的女儿就是女娃。

译文

再向北走二百里，有座山叫发鸠山，山上长了很多柘树。山中有一种鸟，样子像乌鸦，头部有花纹，有白色的嘴巴和红色的足爪，名字叫精卫，它的叫声像在呼唤自己的名字。精卫本是炎帝的小女儿，名叫女娃。女娃去东海游玩时不幸溺水身亡，化身为精卫鸟，经常衔着西山上的树枝和石子，想把东海填平。浊漳河就发源于发鸠山，之后向东流去，注入黄河。

背后的故事

女娃的父亲是炎帝，也就是大名鼎鼎的神农氏，新石器时期的部落联盟首领。我们还是称他神农氏吧，身负神力的农人，多么接地气的名字。

神农氏天赋异禀，据说他的肚皮是透明的，外人能看到食物在他肚子里起的反应，如果食物有毒，他的内脏会呈现黑色。普通人怎么可能拥有这样的特异功能，这定是“天降大任于是人”，神农氏主动担负起了为大家识别草药的重任。

当时人们过得很辛苦，缺医少药是常有的事，神农氏看在眼里，急在心里。他曾率领部落里的人长途跋涉去西北的高山上寻找药草，并以身试药，把找到的每一种药草都尝了一遍，然后把结果记录下来，包括药草的味道、功效、毒性等。秦汉时人托名“神农”撰写了中国现存最早的药物学文献《神农本草经》，留下了“神农尝百草”的故事。代价当然也很大，神农氏多次中毒，虽然每次都得以化解，但体内积存了不少毒素，终于有一次他吃到了一种剧毒的药草，丢了性命。

神农氏的贡献远不止于此。他脑子灵活，想象力丰富，据传他会经常发明创造一些器具。传说神农氏发明了耒耜，教先民耕地翻土；人类不是一开始就睡在床上，床是神农氏发明的；他用麻类植物制成衣服，先民不再用树叶蔽体；他教大家豢养家畜，即使在不易捕猎的冬季，大家也能有肉吃，生活质量不止提高了一点点；他在中午开设集市，让人们根据自己的需求进行交易；他也不乏艺术追求，《新论》中记载了神农氏“以纯丝做弦，刻桐木为琴”。

神农氏本领高超，但越是这样，《精卫填海》的故事越发令人唏嘘——如此强大的父亲也救不回女儿的性命，可见生命之脆弱。

古文趣味小课堂

为什么说《精卫填海》属于变形神话

变形神话就是人、动物、物件变成另一种形态的神话故事。在《精卫填海》中，女娃死后转化成鸟，属于变形神话。

古人无法接受死亡，只好把死亡解释为生命形态的转换。女娃这样一个活泼可爱的女孩溺死在东海里，大家非常难过，就让她以精卫鸟的形态继续活在世间，努力把东海填平，希望从此不再发生同样的悲剧，这是对死亡最顽强的抗拒。精卫以小小的身躯、微弱的力气，想填平大海，当然是不可能的，但她从未停息，一息尚存，填海不止，她的勇敢、她的执着，难能可贵。

作品选读 2

夸父逐日

竞跑，赛跑。

追赶到太阳落下的地方。

夸父与日逐走[1]，入日。渴欲得饮，饮于河渭，河渭不足，北饮大泽。未至，道渴而死。弃其杖，化为邓林[2]。

即黄河、渭水。

方位名词作状语，向北方，向北面。

——选自《山海经·海外北经》

解读

① 夸父是上古时期一位神话传说人物。因为遭遇大旱，太阳把大地都晒裂了，夸父想把太阳捉住，让它听从人类的吩咐，于是开始追赶太阳。

这个前提很重要，否则故事毫无意义。难道夸父只是为了把黄河和渭水的水都喝干吗？当人类拼尽全力去征服大自然，不仅没有成功，还搭上了自己的生命，故事才呈现出悲壮。

②这也是一篇变形神话。夸父死时丢下的手杖变成一片桃林；灼灼桃花，便是太阳圣火；人们吃到桃子，就会想起夸父。所以，世间一切邪恶都害怕太阳神的“桃木”。

译文

夸父追赶太阳，追赶到太阳落下的地方，非常口渴，于是喝干了黄河和渭水中的水。这两条河流的水还不解渴，他又往北去喝大泽的水。还没到达大泽，在半路就因口渴而死。而他丢弃的手杖，就化成邓林，就是夸父山北面的桃林。

背后的故事

夸父决定逐日时还遇到一个问题：太阳从东方升起，在西方落下，那么他该奔向东方还是西方？《山海经》中说：“……夸父不量力，欲追日景，逮之于禺谷。”禺谷是日落的地方，也就是说，夸父这一路是往西狂奔的。

原始部落在同一个地方生活若干年后，通常都会面临相同的问题：由于他们频繁地捕鱼打猎，把鱼啊兽啊都差不多吃光了；土地的肥力也不够，粮食产量越来越低。他们不懂如何处理，只好迁徙。但他们已经认识到日照时间和粮食生产有密不可分的关系。他们又从东边的部落那里打听到，太阳从无边无际的大海中升起，于是夸父跟着东升的太阳，迈着大步，急急追赶。在太阳将要落下的禺谷，夸父跳入烈焰之中。夸父逐日的故事体现了中华民族不屈不挠的精神。

古文趣味小课堂

古人为什么把桃林称为“邓林”

古人把桃林称为“邓林”，难道是错了吗？我们发现，除了《山海经》之外，《淮南子》《列子》等作品中也把桃林称为“邓林”。其实这是因为古音和今音不同。清代著名学者毕沅曾研究过《山海经》，他在《经训堂丛书》中进行过解释：“邓林即桃林也，‘邓’‘桃’音相近。”也就是说，在今天“邓”和“桃”两个字读音差得很远，但在古代，这两个字读音相同或相近，这种语言现象叫作文字“通假”。

作品选读③

传说中炎帝神农氏的大臣。

刑天舞干戚

刑天与帝至此争神，帝断其首，葬之常羊之山[①]。乃以乳为目，以脐为口，操干戚以舞。[②]

干，指盾；戚，指大斧。

拿。

——选自《山海经·海外西经》

解读

① 黄帝杀了刑天并将其头葬于常羊山。黄帝并非出于好心，他担心刑天找到头颅后会恢复原身，再来和自己交战，于是把常羊山劈成两半，刑天的头颅掉进山谷后，常羊山合二为一，把刑天的头埋在了里面。

② 脑袋没有了，就用乳头当眼、肚脐眼为嘴继续争战——精神不死，你是黄帝又能拿我怎么样？连陶渊明都忍不住写诗赞颂刑天的战斗精神："刑天舞干戚，猛志固常在。"

译文

刑天与黄帝争夺神位，黄帝斩断刑天的脑袋，并把断头葬在常羊山。刑天于是把乳头当作眼睛，肚脐当作嘴巴，挥舞着手中的盾牌和斧子继续作战。

背后的故事

传说黄帝和炎帝（还记得他另一个很接地气的名字吗？）曾率领各自的部落在阪泉（可能在今河北省一带）进行了一场大战，最终黄帝取得了胜利。炎帝归顺了黄帝，两大部落结成联盟。后来，为了争夺适于放牧和耕种的中原地带，炎黄部落又和东方的蚩尤率领的九黎部落在涿鹿（可能在今河北涿鹿县东南）进行大战，黄帝再次胜出，蚩尤被杀。黄帝被推举为部落联盟首领，这一部落联盟以后逐渐形成了华夏族，炎帝和黄帝因此被后人尊崇为中华民族的人文初祖。

那么阪泉之战和涿鹿之战与刑天有什么关系呢？

刑天原本是炎帝的手下，阪泉之战后，炎帝被打败了，刑天愤愤不平。听说蚩尤起兵要和黄帝打仗，刑天摩拳擦掌地要去加入，被炎帝制止了。后来刑天为报黄帝杀蚩尤之仇，再也忍不住了，带上干（盾）、戚（斧）去找黄帝单挑。结果正如故事中所述，刑天的头被黄帝砍了下来。

有人可能会问，为什么有那么多人推崇黄帝的手下败将刑天呢？他到底是好人还是坏人呢？刑天，传为炎帝之臣，被断首后，仍奋斗不休，忠心耿耿，宁死不屈，舍得一身剐，敢把黄帝拉下马。炎帝得将如此，夫复何求？刑天是中华民族前赴后继、凌厉无前的精神写照。

古文趣味小课堂

黄帝姓黄吗

《史记》中说，黄帝姓公孙，名轩辕。因为在姬水边长大，后来改姓姬。黄帝一共生了二十五个儿子，其中十四个儿子继承了姬姓。他最初领导的部落叫有熊（听这名字，难道是部落活动的区域常有熊出没吗？），所以又称他为有熊氏。

轩辕帝拥有的诸多姓氏中没有一个和“黄”字沾得上边，怎么就被称为“黄帝”了呢？古人把天地万物划分为五种性质的事物，即金、木、水、火、土，统称为“五行”。土处于中央的位置。黄帝是远古时期华夏部落联盟的首领，当然得占主位，即归于土位。

《史记》中记载，黄帝很了不起，他按照季节播种粮食，驯化鸟兽，测定日月星辰以定历法，收取土石金玉以供民用，有节制地使用水、火、木等物品，为老百姓的生老病死而操劳。他具备了土德之瑞，土色黄，所以号称“黄帝”。

《左传》

背景链接

《左传》亦称《左氏春秋》或《春秋左氏传》，相传为鲁国史官左丘明所撰，大约成书于战国初期。《左传》按照鲁国君主的次序，记载了自鲁隐公元年至鲁哀公二十七年间的历史，叙事更至于鲁悼公四年，记述历史极为生动，被认为是我国古代文学与史学完美结合的典范。

左丘明与《左传》

《左传》的作者相传为左丘明（生卒年不详），春秋末期史学家。后人研究认为，左丘明是姜太公的后代。姜太公去世后，小儿子因封地营丘，改姓为丘。后来小儿子的后代为了躲避宫廷斗争，跑去楚国担任左史——史官分左史和右史两个职位，左史记言，右史记事——因为官职可以世袭，所以丘家世世代代担任左史。左丘明的父亲年轻时，楚国发生内乱，他就跑到鲁国避难，依然担任左史。左丘明长大后，接棒继续当左史。他虽然姓丘名明，但这家人当左史当得太久了，所以在姓前加了个“左”字。

后人认为，《左传》融入了儒家的灵魂，这又是怎么回事呢？原来左丘明和孔子是互相欣赏、互相敬佩的好朋友。

孔子曾主张削弱“三桓”（鲁国的三位卿大夫孟孙氏、叔孙氏和季孙氏）的势力，因此“三桓”把孔子视为眼中钉。鲁定公想任命孔子为司徒，原打算征求“三桓”的意见，幸好他先和左丘明聊了这事。左丘明说，“‘三桓’一定会反对啊。”鲁定公仍然想不明白：“他们为什么要反对啊？”左丘明怜悯地看着鲁定公，耐着性子讲起了故事：“从前，有个人想做一件狐皮大衣，于是就去和狐狸商量，让狐狸把它身上的皮毛给他；他想准备一桌牲祭，又去找羊商量，让羊把它的肉献出来。狐狸和羊扭头就跑，还躲了起来。五年过去了，这个人一件大衣都没做成；十年过去了，一次牲祭也没做上。您打算任命孔子为司徒，却召集‘三桓’来商量，这不就是和狐狸商量做狐皮大衣、和羊商量做牲祭一个道理吗？”鲁定公这才恍然大悟，他绕开“三桓”，直接任命了孔子。

左丘明曾和孔子一同在周王室的太史那里查阅档案，回到鲁国后，孔子写了《春秋》，这是我国第一部编年体史书，也就是按年代来讲述历史事件，差不多是“×年×月，发生××”的格式来写作。举个例子：

> 元年春王正月。三月，公及邾仪父盟于蔑。夏五月，郑伯克段于鄢。秋七月，天王使宰咺来归惠公、仲子之赗。九月，及宋人盟于宿。冬十有二月，祭伯来。公子益师卒。

孔子太惜墨如金了，只给出寥寥数语，读着很不过瘾，那些大人物吵架时都说了些什么？这场仗怎么就打起来了？具体怎么打的？中间发生了哪些事？孔子都没写——你们想看生动有趣的故事对不，我偏不写。真是急死个人！有不少人忍不住对《春秋》进行了阐述，这些著作中最著名的是《左传》、

《公羊传》和《穀梁传》，合称“春秋三传”。到了隋代，《左传》红得发紫，几乎人手一本，而其余二传则凉了下来。

《左传》在写人记事方面毫不吝啬笔墨，《郑伯克段于鄢》在《春秋》里只有一句话，在《左传》里却成了长篇故事，涉及人物众多。女主角叫武姜，男主角是她的儿子郑庄公，还聚集了郑武公、共叔段、祭仲、颍考叔等一群性格鲜明的配角，故事情节一波三折，引人入胜。武姜为什么痛恨大儿子而偏爱小儿子，郑庄公怎么忍耐二十二年静静地看弟弟作死，祭仲和颍考叔这些智力超群的臣子又如何起到推波助澜的作用，郑庄公和武姜怎么和好如初，左丘明写得明明白白。要论可读性，《左传》的确比《春秋》强得可不是一星半点儿。从某种意义上说，《左传》堪称是对《春秋》的扩写。

左丘明不仅喜欢引用孔子的话，对《春秋》进行了热烈的赞美，还通过历史故事传递儒家的价值观，让人明白，那些不符合伦理道德的行为一定会受到惩罚。比如本书所选的《卫懿公好鹤》，讲国君如果不尊重臣子，不致力于国事，而是玩物丧志，最终会给国家和自己带来灾难。

《左传》中还经常出现一些臣子、大家，甚至是普通人向国君提出建议，提醒国君留意自己的言行是否符合道德标准、是否尊重历史规律，如果国君听从了这些建议，那么事情就会得以善终。比如《曹刿论战》，鲁庄公在曹刿的指点下赢得战争；《郑伯克段于鄢》中，郑庄公接受了臣子颍考叔的建议，故事以大团圆结局。这些都带有浓郁的儒家色彩。《曹刿论战》中，曹刿之所以相信鲁庄公值得帮助，是因为鲁庄公说他为百姓判案时做到了公正严明，这符合儒家的仁政思想；《郑伯克段于鄢》中，颍考叔以自己对母亲行孝的行为来打开郑庄公的心结，孝也是儒家强调的价值观。《左传》还被列为儒家“十三经”之一。

左丘明晚年时双目失明，只得辞官回到故乡。但他退而不休，觉得应该把自己几十年来所看到、听到的史料记录下来，整理成书，这就有了另一部历史名著《国语》。

《国语》是我国现存最早的一部国别体史书，这部书在写作上极具创新性，以国为分类标准，内容主要记述对话，所以称为“国语”。《国语》与《左传》一起成为珠联璧合的历史文化巨著。

作品选读 1

曹刿论战

点出时间（鲁庄公十年，公元前684年）和作战双方（齐国和鲁国）。此时齐国国君是鲁庄公的舅舅——“春秋五霸”之一的齐桓公。

诸侯的通称，这里指鲁庄公。

十年春，齐师伐我。公将战，曹刿请见。其乡人曰：“肉食者谋之，又何间焉？”刿曰：“肉食者鄙，未能远谋。[1]”乃入见。问：“何以战？”公曰：“衣食所安，弗敢专也，必以分人。”[2]对曰：“小惠未遍，民弗从也。”公曰：“牺牲玉帛，弗敢加也，必以信。”[2]对曰：“小信未孚，神弗福也。”公曰：“小大之狱，虽不能察，必以情。”[2]对曰：“忠之属也。可以一战。战则请从。”

省略句，完整的句子应是“必以之分人”。

指祭祀用的猪、牛、羊等。

指诉讼案件。

公与之乘，战于长勺[3]。公将鼓之。刿曰：“未可。”齐人三鼓。刿曰：“可矣。”齐师败绩。公将驰之。刿曰：“未可。”下视其辙，登轼而望之，曰：“可矣。”遂逐齐师[4]。

亲自上战场，鲁庄公能力一般，但责任心还比较强。

鲁庄公这个人政治上无能，军事上冒进。

音fú，放在句首，表示将发议论，没有实际意义。

鲁庄公没有不懂装懂，而是虚心向曹刿请教，不耻下问，这是他的优点。

既克，公问其故。对曰："夫战，勇气也。一鼓作气，再而衰，三而竭。彼竭我盈，故克之。夫大国，难测也，惧有伏焉。吾视其辙乱，望其旗靡，故逐之。"

解读

①通过对话写出曹刿请见的原因——国君水平一般啊，打仗还得看我的。国难当头挺身而出，曹刿的爱国热情没的说。

②这段对话一方面说明鲁庄公抓不住重点，他不明白，只有得民心的国君才有可能取得战争的胜利。如果百姓不忠于国君，那么在国家危难之际，他们会杀牛羊、备酒浆、开城门去迎齐桓公，这场鲁国保卫战还怎么打？另一方面，鲁庄公处理案件能尽守本分，说明他有爱民之心，国君当得还不算太糟。

③点出战场地点，长勺在今山东省济南市莱芜东北。长勺之战是齐桓公在长期的争霸战争中少有的

败仗，指挥官鲍叔牙是齐国大夫。

④长勺之战的荣誉属于曹刿，也属于鲁庄公。曹刿善于把握时机，判断精准；鲁庄公全盘采纳曹刿的意见，自己虽然水平不高，但愿意相信水平高的人，同样值得敬佩。

译文

鲁庄公十年春，齐国军队攻打我（鲁）国。鲁庄公准备迎战。曹刿请求面见鲁庄公。他的同乡说："国家的事自有当权者谋划，你又何必参与呢？"曹刿说："当权者目光短浅，恐怕不能深谋远虑。"于是入朝去见鲁庄公。曹刿问鲁庄公："您凭借什么作战？"鲁庄公说："衣食一类安身立命的东西，我不敢独自享有，一定把它们分给众人。"曹刿回答说："这些小恩小惠不能遍及百姓，百姓是不会听从您的。"鲁庄公说："祭祀神灵的牛、羊、玉帛，我从来不敢虚报夸大，一定按照承诺的去做。”曹刿回答说：“这只是小信用，不一定能让神灵信服，神灵是不会保佑您的。”鲁庄公说：“大大小小的案件，虽然不能件件都详细审察，但一定按照实际情况处理。”曹刿回答说：“这才是为百姓尽力的表现，可以凭借这个条件打一仗。作战时请允许我跟随您一同去。”

鲁庄公和曹刿共坐一辆战车，在长勺和齐军交战。两军刚相遇，鲁庄公就要击鼓进军。曹刿说：“现在不行。”等到齐军擂了三次鼓后，曹刿说：“可以擂鼓进军了。”齐军溃败。鲁庄公又要驱车追赶，曹刿说：“不行。”他跳下车察看齐军车轮碾出的痕迹，又登上战车扶住车前横木远望齐军败退情况，然后说：“可以追击了。”于是追击齐军，把他们赶出了鲁国国境。

战胜齐军后，鲁庄公问曹刿这样做的原因。曹刿回答说：“作战，靠的是勇气。第一次擂鼓，能够振作士气。第二次擂鼓，士兵们的士气就开始衰退了。第三次擂鼓，士兵们的士气就耗尽了。他们的士气已经消失而我军的士气正盛，所以能战胜他们。大国的情况难以捉摸，我怕他们设下埋伏。我看他们车轮碾过的痕迹混乱，望见他们的旗子倒下了，所以决定追击他们。”

背后的故事

齐襄公被杀后，有资格继位的是公子纠和公子小白。两个都是舅舅，鲁庄公把宝押在公子纠这个舅舅身上，帮助公子纠去夺取政权。但最后继位的却是公子小白，即后来成为“春秋五霸”之一的齐桓公。鲁庄公气急败坏地去攻打齐国，是想帮公子纠再搏一把。在干时（今山东省淄博市桓台县），齐、鲁两军相遇，鲁军大败，齐国追至鲁国境内，鲁庄公无奈杀死了手中的政治筹码公子纠，交出了管仲。

在这场政治斗争中，鲁庄公输了个精光，落下了心理阴影。而齐桓公也不是盏省油的灯，恨鲁庄公恨得牙痒痒的——谁站在他的对立面，谁就是他不共戴天的敌人，亲戚也没情面好讲。不到一年，齐桓公就不依不饶地挑起了战争，这次地点选在长勺，史称“长勺之战”。曹刿论战，讲的正是长勺之战。鲁国的指挥官是曹刿，齐国的指挥官是鲍叔牙。谁能想得到，普通老百姓曹刿居然那么靠谱，把身经百战、大名鼎鼎的鲍叔牙给打败了。

齐国不肯善罢甘休，认为长勺之战是轻敌了，如果他们认真打，鲁国肯定打不过齐国。鲍叔牙又联合宋国夹击鲁国。这次鲁庄公发威了，亲手用金仆姑（箭名，良矢）射中了宋军主帅南宫长万。鲁国赢了第二次。齐国消停了，宋国又想搞事情了。公元前683年，宋国发兵入侵鲁国，鲁庄公再次带兵亲征，击败了宋国。至此，鲁国三战三胜。一直到鲁庄公去世，齐鲁两国的关系基本保持和谐。

古文趣味小课堂

打仗时临时厕所怎么选址

在古代，军队安营扎寨不仅搭个帐篷就完了，还得建“公共厕所”，也就是挖个大而深的坑，对人畜的粪便进行处理，不然会瘟疫肆虐，降低战斗力。而厕所的地点选择是有讲究的，必须在下风口，更要远离水源和搭灶做饭的地方。离开时，会有专人用土掩埋粪便，免得敌人以此来获取信息，比如军队的人数、粮食的多少，等等。可见，连便便也是情报。

作品选读 2

卫懿公好鹤

冬十二月，狄人伐卫[1]。卫懿公好鹤，鹤有乘轩者。将战，国人受甲者皆曰："使鹤！鹤实有禄位，余焉能战？"公与石祁子玦[2]，与宁庄子矢，使守，曰："以此赞国，择利而为之。"[3]与夫人绣衣，曰："听于二子！"渠孔御戎，子伯为右，黄夷前驱，孔婴齐殿。及狄人战于荧泽，卫师败绩，遂灭卫[4]。卫侯不去其旗，是以甚败[5]。狄人囚史华龙滑与礼孔，以逐卫人。二人曰："我，大史也，实掌其祭。不先，国不可得也[6]。"乃先之。至，则告守曰："不可待也。"夜与国人出。狄入卫，遂从之，又败诸河[7]。

养宠物养到亡国，古往今来卫懿公算独一份。

"矢"与"誓"谐音，这是要誓与敌人周旋到底。

国君不像话，鹤乘轩、做官，难怪国人愤愤不平。

"衣"与"依"同音，卫懿公让大家依从两位大夫的命令。

抵御

解读

①我国古代称北方的民族为狄，卫国在今天的河南一带，在卫懿公这个败家子出现之前，卫国属于春秋时期的一流强国，真要和狄人硬碰硬，不见得落下风。

②“玦”与“决”同音，意味着卫懿公把决策权交给了石祁子。

③把权力全部交给下属，卫懿公也是豁出去了。

④这一仗打得只剩五千人——不是卫国士兵只剩五千人，而是卫国全部人口只剩五千人。

⑤此时狄人已经把卫国军队团团围住。如果放倒大旗，卫懿公换件衣服，假装成平民，仍然有机会逃走。但爱宠狂人卫懿公还是有廉耻心的，他以旗为标志，引敌人发现自己，以死向百姓赔罪。

⑥华龙滑和礼孔吃准了狄人信鬼神，就拿迷信那一套来骗他们，最终得以逃脱。

⑦狄人志不在开疆拓土，而是为了掠夺财物。

把卫国国库和民间储存的粮食抢劫一空后，他们便走了。

译文

鲁闵公二年冬十二月，狄人攻打卫国。卫懿公喜爱鹤，王宫里的鹤有的还乘坐轩车，享受大夫待遇。卫国将要与狄人开战，将士们都说："派鹤去打仗吧！鹤享有俸禄和官职，我们怎么能去打仗呢？"卫懿公把玉玦赐给石祁子，把令箭交给宁庄子，派他们守御，说："用这个来辅助国家，选择有利的事去做。"卫懿公把绣衣交给了夫人，说："听从石祁子、宁庄子的。"卫懿公又安排渠孔驾驭战车，子伯为车右，黄夷为前锋，孔婴齐殿后。卫国的军队与狄人在荧泽交战，卫国军队打了败仗，狄人于是灭掉了卫国。卫懿公不肯去掉战旗，所以惨败。狄人囚禁了史官华龙滑和礼孔，带着二人追赶卫军。这两个人说："我们是太史，执掌祭祀。如果我们不先回去，你们是不可能得到卫国的。"于是狄人就让他们先回国都。他们到达国都，就告诉守卫的人说："没法抵御了。"在夜里和国都的人一起撤离。狄人进入卫国国都，跟着追上去，又在黄河边上打败了他们。

背后的故事

虽然卫懿公遭到将士们的厌弃，但卫国倒也不乏忠贞之士。有个大夫叫弘演，国家遭遇大难之前，他刚巧出使他国了。等他回国，狄人不仅杀死了卫懿公，还将他的肝脏扔到一边。弘演顺着帅旗找到了卫懿公的衣服和肝脏，他先是大哭一场，接下来，他切开自己的腹部，把卫懿公的肝脏装了进去，以身体做棺木，为卫懿公入葬。

古文趣味小课堂

卫国后来为什么能复国

卫国被狄人灭国后，又在齐国、宋国的帮助下重新建国。那么问题来了：卫国为什么能复国呢？

前面说过，狄人进犯卫国，目的不是侵占国土，而在于抢劫财物。达到目的后，他们就回到大草原继续放牧牛羊唱山歌。邻居宋国帮忙安置了流离失所的卫国人，接纳了卫国的王室成员（包括后来继位的卫戴公），这就是卫国可以复国的原因。

作品选读 ③

郑伯克段于鄢

姜为姓，即武公妻姜氏。

道出了郑庄公和母亲、弟弟之间矛盾的起因。古代女性生育本就凶险，庄公的出生差点要了姜氏的性命，姜氏每每想起都又惊又怕，她怪上了儿子。

初，郑武公娶于申，曰武姜，生庄公及共叔段。庄公寤生，惊姜氏，故名曰寤生[①]，遂恶之。爱共叔段，欲立之。亟请于武公，公弗许。

多次。

及庄公即位，为之请制[②]。公曰："制，岩邑也，虢叔死焉。佗邑唯命。"[③]请京，使居之，谓之京城大叔。

险要的城市。

祭仲曰："都，城过百雉，国之害也。先王之制：大都，不过参国之一；中，五之一；小，九之一。今京不度，非制也，君将不堪。"公曰："姜氏[④]欲之，焉辟害？"对曰："姜氏何厌之有？不如早为之所，无使滋蔓！蔓，难图也。蔓草犹不可除，况君之宠弟乎？"公曰："多行不义，必自毙，子姑待之。"

长三丈、高一丈为一雉。

不合制度规定。

满足。

郑庄公很淡定，似乎一切尽在掌控之中。

不专一。这里指背叛国君。

既而大叔命西鄙、北鄙贰于己。公子吕曰："国不堪贰，君将若之何？欲与大叔，臣请事之；若弗与，则请除之，无生民心。[5]"公曰："无庸，将自及。"大叔又收贰以为己邑，至于廪延。子封曰："可矣。厚将得众。"公曰："不义，不暱。厚将崩。"

指土地广大，这里指势力大。

制造，修理。

卒为步兵，乘为车兵。

大叔完、聚，缮甲、兵，具卒、乘，将袭郑，夫人将启之。公闻其期[6]，曰："可矣。"命子封帅车二百乘[7]以伐京。京叛大叔段。段入于鄢。公伐诸鄢。五月辛丑，大叔出奔共。

郑庄公终于不演了，一直放任共叔段的野心，以方便自己在消灭他时不落人话柄。

这里"弟"通"悌"，意思是敬爱兄长。

书曰："郑伯克段于鄢。"段不弟，故不言弟；如二君，故曰克；称郑伯，讥失教也：谓之郑志[8]。不言出奔，难之也。

遂置姜氏于城颍，而誓之曰："不及黄泉，无相见也！"既而悔之。颍考叔为颍谷封人，闻之，有献于公。公赐之食。食舍肉。公问之。对曰："小人有母，皆尝

地下之泉。指死后埋在地下。

小人之食矣，未尝君之羹，请以遗之。”公曰：“尔有母遗，繄，我独无！”颍考叔曰：“敢问何谓也？”公语之故，且告之悔。对曰：“君何患焉？若阙地及泉，隧而相见，其谁曰不然？”公从之。公入而赋：“大隧之中，其乐也融融。”姜出而赋：“大隧之外，其乐也泄泄！”遂为母子如初。

音 wèi，赠送。

音 yī，语气助词，用在句首。

同“掘”。

和乐的样子。

舒畅快乐。

君子曰：“颍考叔，纯孝也。爱其母，施及庄公。《诗》曰‘孝子不匮，永锡尔类。’其是之谓乎！”⑨

推广

同“赐”。

解读

①寤生的意思，相当于武姜给儿子起名“难产”。真过分！每天“难产”“难产”地叫，一边提醒儿子，你的出生差点造成我的不幸；一边提醒自己，

勿忘生育之苦。结果母子双方心中的愤怒越积越多。

②制，地名，又名虎牢关，在今天河南省荥阳市西北。原为东虢国的领地，东虢国为郑所灭，制便为郑地。制是郑国的西大门，进可攻，退可守，共叔段如果占据了这个军事要地，招兵买马，积聚实力，还真有机会把国都新郑给一锅端了。

③郑庄公当然不答应了，但此时还没到撕破脸的时候，他找的借口是虢国的国君曾死在这里，怎么能让弟弟住在这么不吉利的地方呢？拒绝人但不遭忌恨，郑庄公情商真高。

④当妈的称呼儿子“寤生”，当儿子的称呼母亲“姜氏”，母子关系得多恶劣啊！

⑤公子吕，即子封，是郑庄公和共叔段的亲叔叔。想象一下，叔叔对侄子建议把另一个侄子干掉，可见郑国统治集团内部的权力斗争之激烈。

⑥郑庄公都能知道弟弟的造反日期，可见他在武姜和共叔段周围安插了不少眼线，所有小动作都逃不过他的法眼。这也是他一直很淡定的原因。

⑦一辆战车配甲士三至四人，步兵七十二人为一

乘，两百乘约有一万五千人。郑伯应该早就掌握了共叔段的实力——根据其实力决定派多少兵马上阵。

⑧郑庄公所做的一切都来自他真实的意愿，并非迫于无奈。郑庄公伪装成大善人的样子，他的本来面目就是虚伪、阴狠、冷酷、缜密、理性。

⑨为郑庄公说几句话。

第一，郑武公讲原则，坚持把王位传给嫡长子，武姜偏心眼已经到了失心疯的程度，否则郑庄公的下场只会比共叔段更惨。

第二，郑庄公远远算不上善良，但是个优秀的政治家。在位期间，他击退了周朝军队的进攻，和鲁国结盟，大力发展经济，内政外交成绩斐然。历史选择他成为郑国国君，是他的幸运，也是郑国百姓的福气。

译文

当初，郑武公娶了申国女子，后来被称为武姜。

武姜生下庄公和共叔段。庄公出生时难产，姜氏受到惊吓，便给他取名叫“寤生”，姜氏因此很厌恶他。姜氏偏爱共叔段，想立他为世子，她多次向郑武公请求，郑武公都没答应。

等到庄公即位，姜氏就替共叔段请求分封到制这个地方去。庄公说：“制是个险要的地方，从前东虢国的国君死在那里。别的地方任他挑选吧。”姜氏便请求把京这个地方封给共叔段，庄公答应了，让共叔段住在那里，大家都称他为“京城太叔”。

大夫祭仲说：“城邑的围墙超过百雉，就会成为国家的祸害。按先王的规定：大城市的城墙，长度不能超过国都城墙的三分之一；中等城市的城墙，长度不能超过国都的五分之一；小城市的城墙，长度不超过国都的九分之一。现在京这个地方，城墙不合制度规定。违反了先王的制度，这会使您无法控制。”庄公回答说：“姜氏要这么做，又怎能避免祸害呢？”祭仲说道：“姜氏哪里会满足呢？不如趁早给太叔安排个容易控制的地方，不让他的势力蔓延。一旦蔓延开来，就难以对付了。蔓延滋长的野草尚且很难除掉，更何况是您宠爱的兄弟呢？”庄公说：“多做不义的事情，必定会失败。你姑且等着瞧吧。”

没过多久，太叔命令郑国西部和北部边境既要听从庄公的命令，又要听从自己的命令。公子吕说：“国家不能忍受这种两面听令的情况，现在您打算怎么办？如果您打算把君位让给太叔，那么我就去侍奉他；如果不给，那么就请除掉他，不要让老百姓产生其他想法。”庄公说：“不用除掉他，他自己将要遭到灾祸。”太叔又把两属的地方作为自己的封邑，并一直扩展到廪延。公子吕说：“可以行动了，他的势力雄厚，就能得到更多的民心。”庄公说：“没有正义就不能号召人，势力大了，反而会崩溃。”

太叔修理城郭，储备粮草，修整盔甲武器，准备好兵马战车，准备偷袭郑国都城。姜氏打算作为内应打开城门。庄公得知共叔段起兵的日期，说：“可以出击了！”命令公子吕率领二百辆战车进攻京城。京城的百姓背叛太叔，太叔逃到鄢城，庄公追到鄢城进攻他。五月二十三日，太叔逃到共国。

《春秋》记载道："郑伯克段于鄢。"意思是说太叔不遵守做弟弟的本分，所以不说他是庄公的弟弟；兄弟俩如同两个国君一样争斗，所以用"克"字；称庄公为"郑伯"，是讥讽他对弟弟失教；赶走太叔是出于郑庄公的本意。不写太叔出奔，是史官下笔有为难之处。

庄公就把姜氏放逐到城颍，并且发誓说："不到死的那一天，不再见面。"不久，庄公又后悔了。有个叫颍考叔的人，是颍谷管理疆界的官吏，听到这件事，就带了东西去献给郑庄公。庄公赐给他饭食，颍考叔在吃饭的时候，把肉放着不吃。庄公问他为什么，他答道："我有母亲，我孝敬她的食物她都尝过了，只是从未尝过君王的肉羹，请让我带回去给她吃。"庄公说："你有母亲可以孝敬，唉，我却没有！"颍考叔说："敢问您说的是什么意思？"庄公把原因告诉了他，还告诉他自己很后悔。颍考叔答道："您担心什么呢？如果挖地挖出了泉水，开一条隧道在里面相见，谁又会说您什么呢？"庄公按颍考叔的话去做了。庄公走进隧道，赋诗道："在大隧之中相见，多么快乐啊！"姜氏走出隧道，赋诗道："走出大隧之外，多么舒畅啊！"从此，母子关系恢复，和从前一样。

君子说："颍考叔是位真正的孝子，他不仅孝顺自己的母亲，而且把这种孝心扩大影响到郑伯身上。《诗经·大雅·既醉》篇说：'孝子的孝心没有穷尽，永远能影响到你的同类。'大概说的就是这样的事吧！"

背后的故事

颍考叔是个优秀的官员，深得郑庄公的信任。后来郑国攻打许国，郑庄公让颍考叔担任主帅，公孙子都为副帅。谁知快要灭掉许国时，鬼迷心窍的公孙子都一箭射死了颍考叔，窃取了功劳。这也是成语“暗箭伤人”的由来，比喻暗地里用阴险手段伤害人。

郑庄公开始不知情，把公孙子都当好人。他想到颍考叔的妹妹刚刚失去兄长，一定很悲伤，如果能为她觅得如意郎君，她的心情说不定会好些。放眼望去，公孙子都英俊潇洒，才干出众，又立新功，前途一片光明。他一拍脑袋，就他了！公孙子都大为尴尬，但是君命难违，只好答应了。

很快郑庄公就知晓了事情的真相，大为震怒。但是刚刚折损了颍考叔这位大将，如果再杀了公孙子都，那么郑国又失去了一个人才，损失有点大，只好暂时隐忍不发。祭仲却认为，人可以不杀，但是诛心还是要的。这对君臣一番商议之后，有了主意。

颍考叔的妹妹尚被蒙在鼓里，新婚之夜，她哭着求公孙子都找出杀兄凶手，公孙子都惶恐不安。好不容易睡着了，却梦到颍考叔找他索命。他说起了梦话，把自己干过的坏事一一吐露出来。颍考叔的妹妹全都听在耳朵里，凶手居然近在眼前。

郑庄公虽然心里恨极了，但公孙子都既然立下军功，表面功夫还是要做一做的，该给的赏赐一分不少。当公孙子都登台拜帅时，郑庄公让祭仲递给他一个锦囊，里面装着他射杀颍考叔的箭头。郑庄公和祭仲似笑非笑地看着他，颍考叔的妹妹又适时地来到了公孙子都面前，三人一起直勾勾地盯着他。公孙子都当场发疯。

古文趣味小课堂

为什么春秋时期有的女子名字带“姜”

郑庄公的母亲叫武姜；喜欢养鹤的卫懿公的祖母叫宣姜；《曹刿论战》里鲁庄公的母亲叫文姜；一肚子鬼心眼的晋文公在成为秦穆公女婿前，曾在齐国迎娶齐姜。怎么大家不约而同地都用“姜”作为名字？

齐国原本是周武王封给开国功臣姜子牙的地盘，所以齐国的国君姓姜。但凡叫“姜”的女子要符合两个条件：一是出生地为齐国；二是身份高贵，得是齐国公主。

齐国公主如果嫁给谥号为“庄”的国君，那她在历史上会被称为“庄姜”；如果嫁给谥号为“武”的国君，那她就叫“武姜”。但有个前提，这些女子都是嫁过去当正妻的。古代女子未嫁从父，既嫁从夫；如果给人当妾，那还得从父。比如齐姜，晋文公明明先娶了她，但后来要和秦穆公之女结为秦晋之好，秦国公主肯定得当正妻呀，齐姜只能做妾，所以她的“姜”前加上出生地“齐”。

鲁庄公的父亲是鲁桓公，但母亲不叫桓姜，却叫文姜。文姜这个名字很特殊，这是因为她既美丽又聪明。“文”指才华，所以文姜是有才华的姜姓女子。

名为“×姜”的女子在春秋后期就不称了，这是因为齐国政权发生了大变动。公元前391年，齐国大臣田和废掉齐康公，并于公元前386年自立为国君，放逐齐康公于海上，仍使用“齐”作为国号，史称“田氏代齐”，从此齐国的公主都姓田。为了便于区分，姜太公以及他的后人统治的齐国称为“姜齐”，田氏代齐之后的齐国称为“田齐”。

作品选读④

烛之武退秦师

晋侯、秦伯围郑，以其无礼于晋，且贰于楚也。晋军函陵，秦军氾南。

佚之狐言于郑伯曰："国危矣，若使烛之武见秦君，师必退。"公从之。辞曰："臣之壮也，犹不如人；今老矣，无能为也已。"公曰："吾不能早用子，今急而求子，是寡人之过也。然郑亡，子亦有不利焉。[1]"许之。夜，缒而出。见秦伯曰："秦、晋围郑，郑既知亡矣[2]。若亡郑而有益于君，敢以烦执事。越国以鄙远，君知其难也，焉用亡郑以陪邻？邻之厚，君之薄也[3]。若舍郑以为东道主，行李之往来，共其乏困，君亦无所害。且君尝为晋君赐矣，许君焦、瑕，朝济而夕设版焉，君之所知也。夫晋，何厌之有？既东封郑，又欲肆其西封。若

烛之武，郑国大夫。

注意开战的两个原因仅关系到晋国的切身利益，和秦国没有直接关系。

氾水之南。

明为发牢骚，实为傲娇。

一个"缒"字道尽情势之危急。国家已经被团团围住，烛之武无法开城门走大路，只好系着绳子沿城墙下去。

指代秦穆公。

削弱。

指外交使者。

同"供"。

疆界。

损害。

不阙秦，将焉取之？④阙秦以利晋，唯君图

通“悦”。

之。”秦伯说，与郑人盟。使杞子、逢孙、杨孙戍之，乃还。④

那个人。

子犯请击之，公曰：“不可。微夫人之

损害。

力不及此。因人之力而敝之，不仁；失其

通“智”。

所与，不知；以乱易整，不武。吾其还

盟国。

也。”亦去之。⑤

解读

① 这篇文章里的郑伯指郑文公。郑文公很会聊天，先放低身段道歉，让对方打开心结，这叫动之以情；再强调利益，国破则家亡，我倒霉可是会连累你的，这叫晓之以理。顺序很重要，先安抚情绪，让对方平静下来，进入理智的状态。对方如果在气头上，那说什么都没用。

② 第一句话就见水平。对秦穆公来说，敌方使者求见，肯定是来劝秦国退兵的。你劝我就退啊？咱

俩又没有秦晋之好，凭什么听你的？秦穆公戒备心很重。

而烛之武吃准了秦穆公的这种心态，所以一开口先示弱。发现没，和郑伯求烛之武帮忙有异曲同工之妙——让对方处于高位，自己处于低位。

③在群雄中地位的高与低主要看实力。晋国吞并了郑国，土地面积和人口会增加，秦国和郑国不相邻，所以就算秦国打了胜仗，国土面积和人口也不会改变。但是晋国实力增强了，相对来说，秦国实力就减弱了。出人又出力，一算账却发现是亏本买卖，秦穆公才不要做呢！这也从侧面说明，关于战后如何瓜分胜利果实，秦晋两国出兵前没有达成共识。

④总结一下烛之武的说话艺术。

第一步：示弱，营造轻松的聊天氛围，目的是让对方愿意静下心来倾听，自己千万别白跑一趟。毕竟绑根绳子从城墙上爬下来不容易，回去复命，还是走城门的好。

第二步：站在秦国的角度来一番理性、客观的分析，处处为秦穆公考虑，目的是让秦穆公相信他的人品。

第三步：挑拨离间，提醒秦穆公秦晋两国的历史恩怨——晋惠公干过什么，您还历历在目吧？——目的是瓦解秦晋同盟。

这三步一气呵成。

⑤秦穆公走了，晋文公为什么不独自攻打郑国呢？文章一开始说“晋侯、秦伯围郑”，说明是围攻。按《孙子兵法》“用兵之法，十则围之，五则攻之，倍则分之，敌则能战之，少则能逃之”的说法，晋军兵力十分充足，即使以晋军一家之力，也能“五则攻之”吧。其实“十则围之”是理想状态，如果真有这么大的实力差距，直接碾压就行，但绝大多数围歼战都不具备这个条件。晋国要自个儿能打得赢，绝不会拉上秦国，吃独食多香啊！可见晋文公缺不了秦国的支持。

译文

晋文公联合秦穆公包围郑国，因为当年郑文公曾对晋文公无礼，而且与楚国亲近。晋军驻扎在函陵，秦军驻扎在氾水之南。

大夫佚之狐对郑文公说：“国家危险了，如果派烛之武去见秦穆公，秦、晋两国一定会退兵。”郑文公听从了他的建议。烛之武推辞说：“我在壮年时尚且不如别人，现在老了，无能为力了。”郑文公说：“我没有及早重用您，现在形势危急才来求您，这是我的过错。然而郑国灭亡了，对您也不利啊！”烛之武答应了郑文公。

夜里，郑人用绳子把烛之武从城上吊下去。烛之武见秦穆公说：“秦军、晋军围攻郑国，郑国已经知道就要亡国了。如果郑国灭亡了对您有好处，那就值得您打这一仗。秦国越过邻国到郑国来打仗，把郑国作为边境，您知道这并不好办。何必用灭郑来增加晋国的实力呢？邻国实力增强，就等于您的实力削弱了。如果不灭郑国而使它成为您东方道路上的主人，贵国使臣经过，郑国还可以提供他们食宿、给养，这对您也无坏处。再说您曾经有恩于晋惠公，他答应给您焦、瑕两地作为报答。可是晋惠公早晨刚刚渡过黄河回国，晚上就在那里筑城防备秦国，这您可是知道的啊！晋国，怎么会有满足的时候呢？它既以郑国作为东边的疆界，又要扩张它西边的疆界，如果不损害、侵占秦国的土地，它到哪里去夺取土地呢？损害秦国而让晋国得利，希望您还是多多考虑这件事。”秦穆公听了很高兴，与郑国结盟，派杞子、逢孙、杨孙三位将领帮助郑国防守，自己撤兵回去了。

晋国大夫子犯请求晋文公攻打秦军。晋文公说：“不可，如果没有那个人的帮助，就没有我的今天。依靠过别人的力量又反过来伤害他，这是不仁义的做法；失去了同盟国，这是不明智的；用混乱相攻取代联合一致，这是不符合武德的。我们还是回去吧！”于是晋国也撤离了郑国。

背后的故事

《郑伯克段于鄢》中的郑伯指的是阴险强悍的郑庄公，本文中的郑伯指郑庄公的孙子郑文公。经过郑庄公几个儿子一通折腾之后，郑国国力大不如前。虽然郑文公治国水平也还过得去，但郑国已沦为弱国了。

“晋侯、秦伯围郑，以其无礼于晋，且贰于楚也”，郑文公曾经得罪过晋国，给急欲扩张领土的晋文公和秦穆公提供了攻打的理由。“无礼于晋”是指晋文公继位前流亡郑国时，郑文公并不看好他，不愿意在这个落魄的人身上进行政治投资；“且贰于楚也”指晋国和其最大的对手楚国曾各自率领盟友在城濮开战，郑国作为楚国的盟友也加入了战争。结果晋胜楚败，中原各诸侯国从此视晋国为新一任的盟主，楚国则再也无力庇护郑国这个“小老弟”了。

分析历史事件，一是讲根本原因，二是讲直接原因。“无礼于晋”和“贰于楚也”是直接原因，但根本原因是晋文公和秦穆公一个要称霸，一个要东进，郑国正好是个软柿子，不捏它捏谁？但没想到郑国命不该绝，凭空出了个烛之武。虽然一把年纪了身手还那么好，飞檐走壁不在话下；眼光也不赖，看得到晋、秦两国的利益冲突点；口才更是了得，三言两语就说动了秦穆公。烛之武退秦师，不仅解除了郑国的危机，更为晋、秦未来决裂埋下了伏笔——秦穆公拍拍屁股走人，晋文公心里能不记上一笔？

古文趣味小课堂

“秦晋之好”有多好

秦国和晋国多次联姻，期望两国关系达到1+1>2的效果，然后手拉手称霸各诸侯国，实际上各怀鬼胎，秦晋之好仅仅看起来很好。

秦、晋两国国土相邻，秦国地理位置偏僻，处于最西边，与戎狄少数民族混居，更不识中原礼仪。所以秦国国力虽强，却仍被其他国家看不起。秦国想东进扩张领土，怎么都绕不开晋国，偏偏晋国又是中原第一强，灭掉晋国纯属做梦。秦穆公如意算盘是这么打的：亲上加亲，先抱团打天下，再分个你我。于是秦穆公向晋献公求亲。晋献公把女儿嫁给了他，这是秦晋之一“好”。

后来晋国发生内乱，秦穆公扶持公子夷吾上位。公子夷吾就是烛之武讲到的那个忘恩负义、出尔反尔的晋惠公。夷吾需要姐夫帮忙时，信誓旦旦地说，等他得到国君大位之后，便会割让城池给秦穆公作为报答。秦穆公很高兴。谁知夷吾即位后根本不讲信用，找了个理由赖掉了，害得秦穆公空欢喜一场。

公元前647年，晋国发生了饥荒，晋惠公厚着脸皮向秦穆公借粮。秦穆公是个厚道人，不计前嫌地伸出了友情之手，立刻运送粮食去晋国，河面上的粮船络绎不绝，史称“泛舟之役”。次年，秦国也发生饥荒，出钱向晋国买粮（并非索要之前借出去的粮），晋惠公不仅无情地拒绝了，甚至还趁秦国虚弱，派兵攻打秦国。秦穆公大怒。饥荒缓过来之后，秦穆公第一时间集结军队打回去，秦军锐不可当，晋国大败，晋惠公被活捉。秦穆公本打算杀了晋惠公祭天，但秦穆公的夫人是晋惠公的姐姐，弟弟再不像话，打断骨头还连着筋呢。在夫人的竭力劝说下，秦穆公放过了这个不靠谱的小舅子。这次晋惠公老老实实拿出黄河以西的土地送给秦国。

晋惠公去世后，继位的是他的儿子晋怀公。晋怀公从小就作为人质生活在秦国，秦穆公看着他长大，把公族之女怀嬴嫁给了他，这是秦晋之二“好”。显然秦穆公打算扶植他上位。但晋怀公这人很不地道，自己偷偷摸摸跑回了晋国，把怀嬴给甩了。秦穆公被晋惠公、晋怀公两父子气得要死，打听到晋惠公的哥哥公子重耳正在远方流浪，立刻把他接回来。怀嬴既已单身，那可以再嫁一次，实现秦晋之三“好”。公子重耳在秦国军队的保护下回到晋国，杀死晋怀公，自己即位为晋文公。

按理故事到这里就应该结束了吧，晋惠公、晋怀公拎不清，但晋文公可是明君，秦穆公的付出该有回报了吧？晋文公的心比比干多一窍，秦国的便宜他想占，好处可不愿多给。管子说：“国修而邻国无道，霸王之资也。”意思是我的国家繁荣昌盛，但邻国贫弱混乱，这是我成为霸主的资本。巧了不是，晋文公也是这么想的，晋国怎么可能眼睁睁地看着秦国强大起来呢？万一哪天你成中原霸主了，那我怎么办？晋文公对秦国可谓严加防范。

公元前636年，周襄王的弟弟联同北狄叛乱，周襄王出逃。秦穆公想以“勤王”的名义带兵参与平叛，从而在周天子面前立功。他向晋文公请求借道晋国，晋文公笑嘻嘻地说，秦国离得太远了，我们晋国独自平叛就行了，不劳您费力，长途跋涉的多累呀，您还是在家歇着吧。叛乱平定之后，晋文公没事就忽悠秦穆公去攻打楚国，目的不外乎让秦国和楚国一起消耗兵力，让他们两败俱伤。

公元前632年城濮之战后，楚国元气大伤，晋国豪横一时。晋文公和其他诸侯国在践土会盟，史称“践土之盟”，晋文公被推为盟主，霸业已成。有意思的是，灰头土脸的楚国作为失败者不参加这次会盟尚在情理之中，而在城濮之战中出了大力的大赢家秦穆公竟然也没有参加，这就相当微妙了。晋文公老奸巨猾，每次打完仗，多少会愿意分点好处给秦穆公，但他给的好处和秦穆公的付出总是不成正比，搞得秦穆公非常憋屈。但政治手腕比不过晋文公，军事实力也差得很远，往东扩张又绕不过晋国，总不能撕破脸和晋文公干仗吧？

晋文公再有本事，也强不过生命规律，他死在了秦穆公前头。迫不及待要图谋中原的秦穆公趁晋文公葬礼之际，立刻东进攻打郑国——还记得《烛之武退秦师》里戍守在郑国的秦国大夫杞子、逢孙、杨孙吗？他们在郑国策应秦国军队。

但秦国被郑国打败了，回来的路上在崤这个地方又和晋国发生大战，再败。

此后几十年，秦晋两国多次开战。公元前578年的麻隧之战，秦军溃败，从此一蹶不振。所谓“秦晋之好”原来只是个传说。

庄 子

背景链接

庄子（约前 369—前 286），名周，宋国蒙（今河南商丘）人。战国中期哲学家、思想家、文学家，道家学派主要代表人物，主张“天人合一”和“清静无为”。著作有《庄子》，其中《逍遥游》《齐物论》都是耳熟能详的名篇。

庄子的逍遥人生

庄周梦蝶（《庄子·齐物论》）

庄子曾梦到自己变成了一只翩翩起舞的蝴蝶，在花丛中飞呀飞，快乐极了，都忘了自己是庄子了。庄子醒来后，感到惊惶不安，想不明白是自己在梦中变成了蝴蝶，还是蝴蝶在梦中变成了自己。庄子与蝴蝶在世人眼光中必定是有区别的，这就叫作“物化”。

这个成语比喻人生变幻无常。看来不管是哪个国家、哪个年代的人，都会思考“我是谁”这个哲学问题。

曳尾涂中（《庄子·秋水》）

一天，庄子在濮水边上钓鱼。楚威王派了两位大夫来找他，说："我们大王早就听说您的大名，想邀请您来楚国当官，盼着您能为君王分忧，为老百姓谋福利。"庄子手握钓鱼竿，看都不看他们一眼，淡淡地说："我听说楚国有只神龟，已经死了三千年了，楚王用巾布把它包起来放在竹箱里，供奉在庙堂之上。请问两位大夫，这只龟是宁愿死后留下遗骨以显示其尊贵呢，还是愿意活着拖着尾巴在泥浆里爬来爬去呢？"两位大夫说："那当然是拖着尾巴在泥浆里爬来爬去啦！"庄子说："你们回去吧！我也选择在泥浆里爬来爬去。"

这个成语表示过隐逸的生活。出仕为官有可能获得崇高的地位和他人的尊敬，但也失去了自由；当寻常百姓虽然影响力有限，却能选择自己的生活。庄子认为，自由的生活比功名利禄重要。

鼓盆之戚（《庄子·至乐》）

庄子的妻子死了，他的好友惠子前去吊唁，只见庄子岔开两腿坐在地上，一边敲击瓦缶，一边唱歌。惠子说：“你的妻子和你一起生活，为你生儿育女，现在衰老而死，你不为她的离去哭泣也就算了，竟然敲着瓦盆唱歌，这也太过分了吧？”

庄子说：“不是这样。妻子刚死的时候，我怎么可能不伤心呢？后来我想明白了，她出生前没有生命，没有形体，来到人世间才有了生命，现在只是又变化而至死亡。人的生老病死，如同春夏秋冬四季变化一样。她死后静静地躺在天地之间，我却哭个没完，自认为这是对生死问题没有看明白，所以就停止了哭泣。”

这个成语用来形容丧妻之痛。庄子对生死的看法十分超脱，他认为人活着是元气聚起来，死亡是元气又散了。死亡无可避免，也无须悲伤，坦然面对即可。

匠石运斤（《庄子·徐无鬼》）

庄子给人送葬，途中经过惠子的墓地，回过头来对跟随的人说：“郢地有个人，一点白泥溅在他的鼻尖上，那点白泥就像苍蝇的翅膀那么薄那么小，他就让匠石用斧子砍削掉。匠石挥起斧子，声音呼呼作响，一下子就削去了他鼻尖上的白泥，却完全没伤着鼻子，郢人镇定自若地站在那里，神色不变。宋元君知道了这件事，把匠石叫了去，说：‘你也试着把我鼻子上的白泥削去。’匠石说：‘我确实曾经砍削掉他人鼻尖上的白泥，不过，可以让我施技的对象已经死去很久了。’惠子死了之后，我失去了能力匹敌的对手，再也没有人可以和我一起辩论了。”

这个成语形容技艺精湛。每个人都有自己的性格，有人勇敢，有人怯懦。我们和勇敢的人一起时，可以尝试着同去探索未知的世界；我们和怯懦的人一起时，要懂得保护对方脆弱的心灵。

枯鱼之肆（《庄子·外物》）

庄子家里很穷，一度断了口粮，只得硬着头皮去找当地监河侯借粮食。监河侯说：“行啊。我到年底可以得到百姓交来的税粮，那时就借给你可折算为三百金的粮食，可以吗？”

庄子一听就知道监河侯在找理由搪塞，气得脸色都变了，说：“昨天我在来的路上听到有人叫我，四下一看，原来车辙中有一条鲫鱼。我问它有什么事，它说它是东海水族中的臣子，快渴死了，问我能不能用一斗或一升的水来救它。我说行啊，我马上要去游说吴越两国的国君，到时候引西江的水来迎接你，可以吗？那条鲫鱼气愤地说：‘我失去了赖以生存的水，无处安身，只要一斗或一升的水就能活，你说这些话，不如趁早去干鱼市场找我吧。’”

这个成语比喻无可挽回的困境或绝境。监河侯如果确实有难处，可以直言相告，但不应该开空头支票，承诺用远水来解近渴，这是一种非常不真诚的行为。

作品选读 1

逍遥游（节选）

北冥有鱼，其名为鲲。鲲之大，不知其几千里也；化而为鸟，其名为鹏。鹏之背，不知其几千里也；怒而飞，其翼若垂天之云。是鸟也，海运则将徙于南冥。南冥者，天池也。《齐谐》[1]者，志怪者也。《谐》之言曰："鹏之徙于南冥也，水击三千里，抟扶摇而上者九万里，去以六月息者也。[2]"野马也，尘埃也[3]，生物之以息相吹也。天之苍苍，其正色邪？其远而无所至极邪？[4]其视下也，亦若是则已矣。

用夸张的手法说明"北冥"很大。

用了顶真的修辞手法，读起来音律流畅，气势十足。

奋发的样子。

通"陲"，即边际。

拍击，指鹏拍打水面借力奋飞。

旋风。

原本的颜色。

解读

①我们通常用摆事实、列数据的方法来论证观点，庄子居然找《齐谐》这样一本编造的故事集来说明自己所言非虚，只能说庄子很幽默。

②即使像鹏这样天生神力的鸟，运动也需要依靠气息。这说明天下万物的活动都受到限制，看似逍遥，实际上并没有达到真正的逍遥。庄子追求精神世界的绝对自由，但他也明白，绝对自由并不存在。

③鹏很大，野马、尘埃很小，但都要有所借力才能运动。这里用了对比的手法。庄子的文采真好，几句话就用了一堆修辞手法，但读起来又很自然，没有卖弄文采的感觉。

④这是古人发出的疑问：天空是什么？天空的背后是什么？古人大可发挥想象力，构筑一个天马行空的世界。这个世界可能非常“不着调”，但一定很有意思。科学知识、逻辑思维是武装头脑的武器，但也可能是限制想象力的枷锁。当我们有能力去解释更多的现象和事物，也意味着更多的想象空间被压缩了。

译文

北海里有一条大鱼，它的名字叫鲲。鲲的身体极为巨大，大到不知道有几千里。鲲变化成鸟，它的名字叫鹏。鹏的脊背，同样大到不知道有几千里。当鹏奋起而飞的时候，那展开的双翅就好像天空中的云。这只鹏鸟在海水翻腾的时候迁徙到南海。南海是个天然形成的大池。《齐谐》是一本记载怪异事情的书，书中记载："大鹏向南海迁徙的时候，翅膀击水而行，激起的浪花有三千里，而后环绕着旋风上升到九万里的高空，乘着六月的大风飞去。"野马般游动的雾气，空气中飞扬的尘埃，都是生物用气息吹拂而飘动着。天色看上去苍苍茫茫，是它真正的颜色吗？还是因为天空高远而看不到尽头的缘故呢？大鹏从天空中往下看，也不过是这样罢了。

背后的故事

庄子虽然是楚国贵族的后裔，但他生在宋国，又死在宋国，所以他实际上是宋国人。庄子一家为什么选择宋国定居呢？

战国时，秦、赵、韩、魏、楚、燕、齐七个国家势力较强，史称“战国七雄”。春秋时宋襄公之后，国势衰弱。公元前286年（也就是庄子去世的这一年）齐国联合楚国、魏国灭掉宋国，并瓜分了宋国的土地。

宋国的商业非常发达，有专门的贸易市场，热闹非凡，粮坊、油坊、桑麻织品、木器、漆器、玉器、陶器……卖什么的都有，号称“百工居肆”。庄子一家虽是楚国贵族，但因流亡他国，没有田产可以傍身，富裕繁华的地方能提供更多的生存机会，所以他们最终选择了宋国。

宋国的都城在商丘（今河南商丘市睢阳区），宋国一方面继承了商文化的内涵，另一方面吸收了周文化的精华。商丘是商部族的起源和聚居地，商朝商业的发源地，同时也是周朝的主要城市之一，宋国这个地方很养人，是孔子祖籍地，涌现出庄子、墨子、惠子等文化名人。可以说庄子占据了天时（战国时期“百家争鸣”的自由氛围）、人和（天赋过人），还有宋国这个地利（皆膏腴之地）。

古文趣味小课堂

世上北海知多少

北京市西城区有个北海，不过它并非真正的海，而是一座人工湖泊，这是因为北京人喜欢把湖泊称为“海”或“海子”。除了北海，北京还有中海、南海、什刹海。

广西壮族自治区南部有一座美丽的海滨城市名叫北海，濒临南海北部。它为什么不叫南海市而叫北海市呢？据说当地有一个渔村，这个渔村因为避风港面向北面海域而被称为“北海村”。北海村历史悠久，据史料记载，在魏晋南北朝时已经存在。清康熙年间，在此设立“北海镇标”，设北海镇。北海市是中国历史文化名城、海滨旅游度假胜地。

《汉书·苏武传》写道：“匈奴以为神。乃徙武北海上无人处，使牧羝。”意思是匈奴认为是神在帮他，于是把苏武迁移到北海边没有人的地方，让他去放羊。贝加尔湖，中国古称“北海”，曾是中国北方部族主要活动地区，位于俄罗斯东西伯利亚高原南部。

接下来讲一个作为海洋存在的北海。这个北海位于大不列颠岛和欧洲大陆之间，是大西洋东北部边缘海，航运发达。后来人们发现这里石油、天然气储量丰富，就进行了大规模开采，现在北海油田已经成为欧洲重要的能源供应地。

作品选读 2

惠子是宋国人，庄子的好朋友，战国时期名家学派的代表人物，知识渊博，“以善辩为名”。

庄子与惠子游于濠梁之上

濠水的桥上。

庄子与惠子游于濠梁之上。庄子曰：“鲦鱼出游从容，是鱼之乐也。”惠子曰：“子非鱼，安知鱼之乐？”庄子曰：“子非我，安知我不知鱼之乐？”惠子曰：“我非子，固不知子矣；子固非鱼也，子之不知鱼之乐[①]，全矣！”庄子曰：“请循其本。子曰‘汝安知鱼乐’云者，既已知吾知之而问我，我知之濠上也。”[②]

悠闲自得。

庄子只是随口感叹一下，惠子非要来抬杠。

惠子的意思是别争了，我赢了。

解读

① 惠子把自己、庄子和鱼看成三个独立的个体，互相之间没有关系。

② 庄子的意思是，我和你之间有共性，和鱼之间

也有共性。大家可以想一下，惠子又会怎么反驳回去？他也许可以顺着庄子的话往下聊：咱俩是同类，并且经常一起讨论问题，了解彼此，所以能知晓对方的想法；但咱俩和鱼并非同类，更没聊过天，所以不知道鱼的快乐。

译文

庄子和惠子一起在濠水的桥上游玩。庄子说："白条鱼在河水中游得多么悠闲自得，这就是鱼的快乐。"惠子说："你又不是鱼，你怎么知道鱼是快乐的呢？"庄子说："你不是我，怎么知道我不知道鱼是快乐的？"惠子说："我不是你，固然就不知道你；你本来也不是鱼，你也不知道鱼的快乐，这一点是完全可以肯定的。"庄子说："让我们回到最初的话题，你说'你怎么知道鱼是快乐的呢'的时候，就表明你很清楚我知道鱼的快乐之后再问我的，只不过是问我从哪儿知道的罢了，那我告诉你，我是在濠水的桥上知道的。”

背后的故事

在庄子的著作里，惠子经常被他反驳，每次辩论都输，从语言到逻辑，再到格局，惠子几乎就没赢过。

惠子在魏惠王（也就是梁惠王。请记住这个名字，后面我们还会讲到他）手下担任国相，有人故意挑事，对惠子说：“庄子这么有本事，会取代你。”惠子相信了，用了三天三夜的时间搜捕庄子。庄子见到他时，说：“南方有一种鸟，它的名字叫鹓鸰。鹓鸰从南海起飞，飞到北海去，不是梧桐树不栖息，不是竹子所结的籽不吃，不是甜美的泉水不喝。这天，一只鸱子捕到一只腐臭的老鼠。鹓鸰从鸱子面前飞过，鸱子仰头看着鹓鸰，发出‘喝’的怒斥声。现在你想用你魏国的相位来威吓我吗？”

把自己比喻成高贵的鹓鸰，把惠子比喻成吃臭老鼠的鹞子。一看这个故事就是庄子写的，相信“发表”的时候没有经过惠子的同意。

惠子和庄子，一个是“杠精”，一个是“损友”，这对好朋友谁也不输谁。

古文趣味小课堂

什么是辩论

庄子和惠子的濠梁之辩成为经典故事，那么什么是辩论？辩论就是意见相左的双方彼此用一定的理由来说明自己对事物或问题的见解，揭露对方的矛盾，以便最后得到正确的认识或共同的意见。

这里有四个重点：

一、辩论针对的对象相同，也就是双方讨论

的得是同一个主题。我说面条很好吃，你说吃蛋糕有利健康。你说你的，我说我的，这不是辩论，而是各自阐述。

二、双方的意见不一致。我说面条很好吃，你说是的；或者你说吃蛋糕有利健康，我说对呀。这也不是辩论。但如果我说面条很好吃，你说面条难吃死了；或者你说吃蛋糕有利健康，我说我不同意，吃蛋糕对身体不好。这就可以展开辩论了。

三、双方不仅要表达观点，还要说明理由。辩论不是投票题，不是简答题，而是一道论述题。我认为面条好吃，分几个部分来论证我的观点。比如面条很筋道，吃起来有嚼劲，山西的刀削面、陕西的油泼面，光想想就让人流口水。又比如面条的浇头很丰富，南方的大排面、鳝丝面都特别好吃。再比如面汤也很鲜美，咸菜肉丝面、海鲜面的汤让人回味无穷。

四、找到对方言辞中的破绽。辩论讲输赢，谁的论据更充分、谁的矛盾更少，谁就赢了。比如你说吃蛋糕有利于健康，因为甜食让人心情愉悦，快乐当然有利于健康；我说蛋糕含糖量高，吃糖过多会导致发胖、血液黏稠等健康问题，要是吃出一身毛病来，既不快乐，也不健康。

五、辩论如打球，要有来有往。你说吃蛋糕有利于健康，我说不对；你说你尊重我的意见，“全矣”。这也不是辩论。辩论是互相不服气，我反驳你，你再列举出论据来反驳我。我说吃蛋糕会导致摄糖量过高，你说吃蛋糕不代表要一下子吃很多，少吃一点也是吃，吃蛋糕不等于摄入太多糖……这才是辩论。

孟子

背景链接

孟子（约前372—前289年），名轲，鲁国邹（今山东邹城东南）人，战国时期思想家、政治家、教育家。他把孔子“仁”的观念发展为“仁政”学说，被认为是孔子学说的继承者，有“亚圣”之称。与孔子合称为“孔孟”。

孟子的言论著作收录于《孟子》一书。

孟子的那些事儿

孟子有个好母亲

孟子三岁丧父，由母亲仉（zhǎng）氏抚养长大。孟母仉氏是个称职的母亲，她非常重视孟子的教育。孟子的父亲死得早，孟母租不起繁华地段的房子，居住的地方离墓地很近。孟子常和邻居家的孩子模仿大人送葬、哭坟。孟母认为这个地方不适合孩子居住，于是把家搬到街上的闹市，离杀猪宰羊的地方很近，孟子又学起了大人做生意的样子。孟母心想，这个地方也不适合孩子居住。这一次，她把家搬到学校旁边。夏历每月初一这天，官员会到文庙行跪拜之礼，孟子见了，也学着做。孟母非常高兴，认为这才是可以长住的地方。

孟子从小聪明伶俐，可也免不了淘气贪玩，有一次竟然溜出学堂去玩。孟子回家后，孟母一声不吭地拿起剪刀，把织成的布剪成两段，孟子惊愕不已。孟母说道："布匹被剪成两半，就做不成衣物；学习半途而废，就成不了人才。你今天不好好学习，将来只能办一些琐碎小事。"孟子非常羞愧，他明白母亲对自己寄予很大希望，从此用功读书，再也没让母亲失望。

孔子的孙子孔伋是个大学者。孔伋去世后，他的学生在曲阜办学，这一家的儒学"原汁原味"，最为正宗。孟子从小就是孔子的"粉丝"，十五岁那年，孟母鼓励他去曲阜学习。孟子非常努力，学业突飞猛进，孔伋的门人认为他的天赋、性格"世所稀有也"，将来必成气候。

孟子的成就和孟母的悉心培养分不开，后人把孟母与岳飞的母亲、三国时期徐庶的母亲并称为中国古代"贤良三母"。

以德服人

农家提倡绝对平均主义，认为所有人都应该从事体力劳动，君主也不能闲着，必须和老百姓一起下地耕田；所有商品不论质量好坏，价格得一致。孟子则认为，有人从事脑力劳动，有人从事体力劳动，如果熟瓜、生瓜，好果、坏果没有区别，那干活的人会开启放任模式，谁还愿意认真耕作呢？

战国初期，杨朱和墨子最为流行，道家学派代表人物之一杨朱重视个人生命的保存，反对别人对自己的侵夺，也反对侵夺别人（原来是个利己主义者）。墨家的创始人墨子要求人们互利互爱，人与人之间没有亲疏贵贱之别（有博爱精神）。孟子不客气地批评道：这俩是禽兽（孟子一言不合就骂人，有点不厚道）。

梁惠王问孟子，你不远千里来到魏国，一定给我们带来利益了吧？孟子说，你希望有利于你的国家，大夫希望有利于他们的封地，百姓希望有利于自己。全都追求利益，国家就很危险。

孟子也没放过齐宣王，话说得更直接：如果君主把臣子看成自己的手足那么重要，那么臣子会把君主看成自己的腹心；如果君主把臣子当作犬马，那么臣子则会把君主视为路人；如果君主把臣子看得像泥土、草芥一般低微，那么，臣子只好把君主当成强盗仇敌了（你怎么对我，我就怎么对你）。

孟子狠起来连自己都不放过。他周游列国，到处“推销”他的“仁政”学说，教育各国君主要重视、珍爱百姓，但他又在《孟子·离娄上》中说：“人之患在好为人师。”意思是说，人的毛病在于喜欢当别人的老师（这是说谁呢？）。

当然，孟子并非无理搅三分，这种行为可以理解为辩论，只是他的反驳气场强大，条理分明，话说得又很直，让人感觉有那么一点不好惹。

一生不得志

孟子曾带着学生去过齐国、宋国、滕国、魏国、鲁国……语重心长地告诉各国国君要施行“仁政”，刑罚不要太重，赋税不要太多，得让老百姓过好日子。各国君主对孟子还算客气，即使他脾气那么火爆，语气那么冲，也没人和他计较，甚至在他临走时还封个大红包给他。相比孔子苦哈哈地周游列国，孟子的手头可宽裕多了。但是，各国国君表面上尊重他，实际上却没有人采用他的主张，这又是为什么呢？

孟子生活在战国时期，各国的生存环境比春秋时期更为恶劣，打的都是兼并战争，不是我想吃了你，就是你想吞了我，不存在共同繁荣的可能性。国家但凡发展得慢一些，就可能被灭，所以各国君主都渴望迅速富起来，强起来。秦孝公任用商鞅主持变法，只花了短短六年时间，就使秦国一跃成为最有实力的诸侯国，哪国国君不羡慕得流口水？事实上实行变法的不止秦国，危机感越重的国家越偏爱法家。韩国和魏国地处中原，被其他大国重重包围，随时都有可能被卷入战争，都曾实行过变法，只是没有像秦国那样把变法成果巩固下来。

当周围的人都对你虎视眈眈，都想着侵吞你时，没有哪个君主还相信孟子以德服人的“王道”那一套。

显然，孟子学说不适用于当时风刀霜剑严的社会环境。那么孟子提倡的“仁政”“王道”到底能不能作为治国的指导思想呢？当然能，否则后世对孟子的评价怎么会那么高？天下大乱，君主需要商鞅、韩非这样的人靠法令、权术和威势，以使臣民慑服；天下大治，需要孔子、孟子这样的人将“仁”作为处理人与人关系的最高行为准则和道德规范。

孟子晚年回到故乡邹国著书立说，开馆授学，把他的思想传播开去。他说“得天下英才而教育之”是最快乐的事。

孟子学说是逐渐得到尊崇的。先是唐代的韩愈提倡儒家的道统，再是宋代的王安石提倡儒学复兴，朱熹注释《四书》，使《孟子》进入科举，到了元代，孟子被封为“亚圣”，成为儒家主要代表人物。

作品选读 ❶

民为贵

孟子曰："民为贵，社稷①次之，君为轻。是故得乎丘民而为天子，得乎天子为诸侯，得乎诸侯为大夫。诸侯危社稷，则变置。牺牲既成，粢盛既絜，祭祀以时，然而旱干水溢，则变置社稷。"②

解读

①"社"指土神，"稷"指谷神。中国古代长期处于农业社会，君主都祭社稷，以求得风调雨顺，国泰民安。后来就用"社稷"代表国家。

②谁不像话就换了谁，别说诸侯了，就算土神和谷神也是这样。老百姓最为重要！在两千多年前的战国时期，各国君主尚未积累充分的治国经验，但

孟子已经能看到百姓的重要性，认为当权者不仅不能凭借权势压榨弱小的百姓，更要考虑他们的利益，为他们服务。孟子，先贤也！

译文

孟子说："百姓最为重要，土神谷神其次，君王为轻。所以，得到民心的做天子，得到天子欢心的做诸侯，得到诸侯欢心的做大夫。诸侯危害到国家，那就改立诸侯。祭品丰盛，祭品洁净，祭扫按时举行，但仍然遭受旱灾水灾，那就改立土神谷神。"

背后的故事

春秋和战国时期，诸侯国之间经常发生战争。不同的是，春秋时期，战争往往点到即止——交战双方达到政治目的就结束。当时还是冷兵器时代，士兵多为贵族子弟，荣誉感很强。而战国时期的战争多以灭国为目的，战争规模大，参战兵力多，持续时间长，不讲武德，只讲实力。孟子生活在战国时代，亲眼见到频繁的战争对百姓的伤害，农业生产秩序遭到破坏，统治者不断加重赋税，百姓穷困潦倒。

我们今天看孟子的言论，似乎有那么一点过于理想主义，和那些统治者讲仁义，他们听得进去吗？但我们也不得不被孟子所感动，有这样一位先贤，他坚定不移地相信人“性本善”，百姓值得被当权者善待，贫苦无依的百姓比高高在上的君主更为重要。他不辞辛劳地周游列国去面见各国国君，不厌其烦地向他们阐述自己关于“仁政”的学说，劝说那些位高权重的人关爱百姓，施行仁政。

孟子讲王道（以德服人）不讲霸道（以武力服人）的“仁政”思想成为中国传统文化体系的重要组成部分。

古文趣味小课堂

《孟子》一书各卷的卷名都是怎么来的

儒家经典著作《孟子》由孟子及其弟子万章等著，但篇目的标题看上去有点随意。《梁惠王》《公孙丑》《滕文公》《告子》似乎是写人的；《尽心》似乎是记事的；《离娄》《万章》，——看标题不知道写的是什么。其实孟子和我们一样，也会偷懒——每篇文章出现的第一个词，或者除自己之外的第一个人名，他就设为篇目标题。比如，孟子曰："离娄之明……"行，标题有了，就叫《离娄》。再比如，孟子曰："尽其心者，知其性也。"那就叫《尽心》。绝不为标题花费一丝一毫的心思，这就是孟子。

作品选读 2

梁惠王[①]上

梁惠王曰："寡人愿安承教。"

孟子对曰："杀人以梃与刃，有以异乎？"

直的竹、木棒。

曰："无以异也。"

"以刃与政，有以异乎？"

曰："无以异也。"

曰："庖有肥肉，厩有肥马，民有饥色，野有饿莩，此率兽而食人也。兽相食，且人恶之；为民父母，行政，不免于率兽而食人，恶在其为民父母也？仲尼曰：'始作俑者，其无后乎！'为其象人而用之也。如之何其使斯民饥而死也？"[②]

厨房。

音wū，疑问代词，何。

古代殉葬用的土偶或木偶。

梁惠王曰："晋国，天下莫强焉，叟之所知也。及寡人之身，东败于齐，长子死焉；西丧地于秦七百里；南辱于楚。寡人

梁惠王表示委屈，国家都让人欺负成这样了，我咽不下这口气。既然你认为打仗不对，那你说该怎么办？

耻之，愿比死者壹洒之，如之何则可？”

同“洗”，洗雪。

替。

孟子对曰：“地方百里而可以王。王如施仁政于民，省刑罚，薄税敛，深耕易耨；壮者以暇日修其孝悌忠信，入以事其父兄，出以事其长上，可使制梃以挞秦楚之坚甲利兵矣③。

易，使……容易；耨，锄草。

“彼夺其民时，使不得耕耨以养其父母。父母冻饿，兄弟妻子离散。④彼陷溺其民，王往而征之，夫谁与王敌？故曰：‘仁者无敌。’王请勿疑！”

妻子和儿女。

解读

①梁惠王和魏惠王是同一个人，人们之所以把魏惠王称为梁惠王，是因为他把都城从安邑（今山西夏县西北）迁至大梁（今河南开封）。

②可见，孟子非常善于讲道理。

首先，他用了类比的修辞方法来讲道理，不管是用梃、刃还是政，在杀人这件事情上没有区别。君主的责任在于避战，在于让老百姓过安稳日子，而不是把老百姓送上战场。梁惠王虽然没有直接用利器杀人，但天天惦记着打仗，这和用梃、刃杀人没有区别。

其次，他用了封闭式问题，连续两个“有以异乎？”，回答只能在“有”和“无”之间进行选择。显而易见回答会是“无”。这种封闭式问题带有很强的引导性，让梁惠王自己掉进孟子设置的逻辑陷阱。

③孟子的“仁政”主张和他的“性善论”是一体的。人性本善，所以善良的百姓值得被国君善待（也就是施“仁政”）；而国君的善待又会使百姓心怀感恩，努力效忠君主，从而促进社会发展，使国家强大起来。

④前面指出国君应该做有建设性的事情，这里说的是秦、楚两国穷兵黩武，破坏现有的美好，谁高谁低，一目了然。这里是奉劝梁惠王做一个高尚的君主。

译文

梁惠王说："我愿意耐心地听您指教。"

孟子答道："用棍棒打死人和用刀子杀死人，有什么区别吗？"

梁惠王说："没有什么不同。"

孟子又问："用刀子杀人和用政治手腕杀人，有什么区别吗？"

梁惠王说："也没有什么不同。"

孟子又说："您的厨房里有膘肥的肉，马厩里有健壮的马，可是百姓却面带饥色，郊野外横陈着饿死的尸体，这等于是在上位的人率领着野兽来吃人啊！野兽间弱肉强食，人们尚且厌恶它；身为百姓父母官，管理政事，却也率领野兽来吃人，哪里配当百姓的父母官呢？孔子曾说过：'第一个制作陶俑来殉葬的人，恐怕应该断子绝孙吧！'正是因为陶俑酷似真人而用它殉葬的缘故。试想连用陶俑殉葬都不能被允许，又怎能让这些百姓活活地饿死呢？”

梁惠王说：“（想当年）魏（晋）国，天下没有比它更强的国家，这是您所深知的。而今到了我当政，先是东边被齐国打败，连我的大儿子也阵亡了；西边又丧失了河西之地七百里，割让给了秦国；南边又被楚国欺侮，抢去了八座城池。这实在是奇耻大辱，希望能替战死者雪耻复仇，您说我该怎么办才好？”

孟子回答道：“即使是方圆百里的小国家，也可以推行仁政而使天下归服。大王如果肯向百姓施行仁政，减免刑罚，减轻赋税，提倡精耕细作，及时锄草，使年轻人利用闲暇时间讲求孝顺父母、敬爱兄长、为人忠诚守信的道德修养，做到在家能侍奉父兄，上朝尊敬上级，这样，即使是手里拿着木制的棍棒，也可以跟拥有坚实盔甲和锋利武器的秦、楚军队相对抗。

“（因为）秦楚侵占了百姓的生产时间，使他们无法耕种来赡养父母，他们的父母受冻挨饿，兄弟妻子儿女各自逃散。秦王和楚王使百姓陷入痛苦的深渊，大王如果兴师前往讨伐他们，有谁能跟大王抗衡呢？所以说：‘仁德的人是无敌于天下的。’请大王不要再犹豫徘徊！”

背后的故事

梁惠王是魏国的第三代国君。经过魏文侯、魏武侯两代人七十余年的积累，魏国成了“战国七雄”中实力最雄厚的国家之一，只要梁惠王依葫芦画瓢，魏国就可以一直强大下去。可偏偏他是个糊涂人，在位时间还特别长，活到了八十二岁，在位五十年。

梁惠王看人的眼光差到了让人吃惊的程度，贤能的人挨个从他跟前走过，然而他无一例外地错过了所有人，其中两位猛人日后更是让魏国付出了沉重的代价。

第一位是孙膑。孙膑和庞涓年少时都拜在鬼谷子门下学习，后来庞涓当上了魏国的将军，孙膑去投奔他。庞涓知道孙膑的才能比自己高得多，两人一旦一起共事，自己一定会被比下去。庞涓就向梁惠王诬告孙膑是齐国的间谍。梁惠王懒得调查，爱卿怎么说就怎么办吧。孙膑被处以膑刑和黥刑——膝盖骨被挖掉，脸上刺了字。好在齐国有个使者慧眼识珠，认为孙膑才能盖世，悄悄地把他带到齐国，孙膑这才捡回一命。孙膑悲愤至极，一心想要报仇。公元前 354 年，庞涓率军伐赵，包围了赵国都城邯郸。赵国向齐国求救，齐国派田忌为大将、孙膑为军师，出兵救赵。孙膑认为，魏国把精锐部队都用来攻打邯郸了，国内一定兵力空虚，于是率军围攻魏都大梁，引诱庞涓赶回应战。孙膑却在桂陵设伏袭击，大败魏军，生擒庞涓。孙膑这种避实击虚、攻其必救的战术，后人称之为“围魏救赵”，这一战就是中国历史上的著名战役——桂陵之战。公元前 342 年，魏国进攻韩国，韩国急忙向齐国求救。孙膑提出，让魏国和韩国先打一打，消耗两国的国力，等韩国支撑不住了，齐国再加入战局。魏军和韩军多次交战后，孙膑逐日减灶制造齐军大量逃亡的假象，第一天挖十万个炉灶，第二天挖五万个，第三天只挖了两万个。庞涓果然上当，只带领少量精锐部队追赶，在天黑之时追到马陵（今山东莘县西南）。他让士兵点起火把，看到有棵大树的树干上写着："庞涓死于此树之下。"他还没回过神来，齐军伏兵万箭齐发，魏军阵脚大乱，彼此踩踏。庞涓知道大势已去，哀叹："遂成竖子之名！"然后拔剑自刎。齐军乘胜追击，活捉了魏太子申。"孙膑减灶"之计，取得马陵之战大捷。桂陵之战和马陵之战后，魏国元气大伤，国力从此由盛转衰。梁惠王气愤地对孟子说："及寡人之身，东败于齐，长子死焉。"说的就是这两场战役挨了齐国的打，太子申都死在齐国人手里。

第二位是商鞅。魏国相国公叔痤得了重病，梁惠王前去探望他，问道："万一你一病不起，谁能接替你呢？"公叔痤推荐了商鞅，说这个年轻人了不得，可堪大任。商鞅当时名不见经传，职位也不高。梁惠王沉默不语。公叔痤察言观色，知道梁惠王没看上商鞅，接着说："如果不能用商鞅，那么就把他杀掉，免得别的国家用他。”梁惠王想，不重用就得杀掉？这也太极端了吧！（对公叔痤的建议一时消化不良）只好继续沉默。等梁惠王走后，公叔痤立刻把商鞅叫来，让他赶紧逃走（公叔痤还是爱才的）。公叔痤死后，商鞅听说秦国在招纳人才，就跑去了秦国，秦孝公赏识他，让他主持变法，秦国的国力大为增强。

秦、魏两国是有世仇的。

公元前419年，魏国出兵攻取河（黄河）西之地。当时秦国国力弱小，哪里打得过魏国？秦国曾两次试图收复失地，都失败了。

公元前352年，魏军主力在东线和齐、宋、卫等多国联军周旋，西边秦国的商鞅趁机带了五万兵马渡过黄河，开始了收复河西的努力。商鞅先包围安邑（梁惠王迁都大梁之前魏国的国都），魏军投降，魏国朝野震动，但东线战事紧急，魏军无力班师救援。第二年，秦军又占领固阳（今内蒙古自治区中西部，属包头市）。魏国一边在固阳东部修筑长城，一边加紧与齐国等谈判。与齐、赵两国议和后，魏国终于抽出了军队和秦军决战，战争陷入胶着状态。在商鞅的建议下，秦孝公约梁惠王会盟讲和，把安邑、固阳还给了魏国。

此战势均力敌，秦军信心大增，魏军顾此失彼，检验了商鞅变法的成果。

公元前340年，秦国再次为收复河西之地而努力。论实力，此时的魏国已经望尘莫及，公元前330年，秦军在雕阴（今陕西省延安市甘泉县南）歼灭魏军八万多人，收复河西之地。梁惠王对孟子哭诉“西丧地于秦七百里”，说的就是秦国把河西之地给抢回去了。

宋代有个叫徐钧的诗人，对历史颇有研究，天天写诗评价古人，他有一首诗就是写梁惠王的：“鞅已归秦膑入齐，有才不用孰持危。后来医国非无药，仁义良方惜不施。”意思是商鞅、孙膑这样的人才全都跑其他国家去了，梁惠王你这个笨蛋国君不懂得欣赏，魏国不危险才怪呢。救国有的是办法，可惜这些办法你都不会用。

古文趣味小课堂

晋国去哪儿了？魏国又是哪儿来的？

有人可能会问，战国时期各个国家打来打去，曾经的超级大国晋国去哪儿了？魏国又是什么时候冒出来的？这里涉及一个重要的历史事件，即三家分晋，也就是晋国被韩、赵、魏三家瓜分的事件。

公元前633年，晋文公（就是那位重耳）建立三军六卿制度，六卿采用世袭制。晋文公的本意是加强军政力量，但他忽略了一个事实，只有当国君具备充分的掌控力，大臣们才会老实。晋文公老奸巨猾，连秦穆公都被耍得团团转，六卿自然服服帖帖，而他的后人多为平庸之辈，场子可就镇不住了。

晋国先后有十一个家族担任过六卿，这些家族之间互相不服气，动不动就斗个你死我活，几轮互殴下来，只剩下知氏、韩氏、赵氏、魏氏四大家族，其中以知氏最为强大。知家的大夫知伯提出建议，每家都拿出土地献给晋国王室。他的如意算盘是，挟国君以令天下，他再以老大的身份占有土地。韩氏和魏氏勉强答应了，赵氏却死活不肯，知氏就联合韩氏、魏氏一起攻打赵氏。赵氏不敌，退到晋阳，结果知氏把晋阳给淹了。韩氏、魏氏看到晋阳的惨况后，顿时起了兔死狐悲之心——知氏能这么对赵氏，也能这么对自己——这两根墙头草转而联合赵氏一起灭掉了知氏。瓜分完知氏的土地后，赵、韩、魏三家势力已远在晋君之上，晋君仅有绛和曲沃两座城邑，晋君名存实亡，不仅无法号令三家，反过来还要去朝见三家，主仆易位。

公元前 403 年，东周天子正式承认韩、赵、魏三家为诸侯——承认了他们的合法地位。公元前 376 年，魏文侯（梁惠王的爷爷）、韩哀侯、赵敬侯瓜分了绛和曲沃，晋国灭亡。

作品选读 3

仁义与和平

宋牼将之楚，孟子遇于石丘，曰："先生将何之？"

宋牼（kēng），宋国人，战国时期著名学者。

曰："吾闻秦、楚构兵，我将见楚王说而罢之。楚王不悦，我将见秦王说而罢之。二王我将有所遇焉。"

交战。

曰："轲也请无问其详，愿闻其指。说之将何如？"

意指，意向。

曰："我将言其不利也。"

读过《烛之武退秦师》，大家应该知道讲利益这一招最有效。

曰："先生之志则大矣，先生之号则不可。①先生以利说秦、楚之王，秦、楚之王悦于利，以罢三军之师，是三军之士乐罢而悦于利也。为人臣者怀利以事其君，为人子者怀利以事其父，为人弟者怀利以事其兄，是君臣、父子、兄弟终去仁义，怀利以相接，然而不亡者，未之有也。②先生

名号，提法。

最终，最后。

以仁义说秦、楚之王，秦、楚之王悦于仁义，而罢三军之师，是三军之士乐罢而悦于仁义也。为人臣者怀仁义以事其君，为人子者怀仁义以事其父，为人弟者怀仁义以事其兄，是君臣、父子、兄弟去利，怀仁义以相接也，然而不王者，未之有也。何必曰利？”

解读

①这句话说的是孟子自己。秦国发动强大的攻势势如破竹，难道周天子不出来说句公道话，甚至给秦国一点颜色看看吗？实际上周天子早就管不了的，根本没人把他当回事。在当时的情况下，大家比谁的拳头大，谁厉害谁说了算。所以对着楚王和秦王讲仁义，这不是对牛弹琴吗？

②孟子说得很对。弱肉强食不是唯一的法则，还应该有仁义。

译文

宋牼要到楚国去，孟子在石丘这个地方遇上了他。孟子问："先生准备到哪里去？"

宋牼说："我听说秦、楚两国交战，我准备去谒见楚王，劝说他罢兵。如果楚王不听，我准备去见秦王，劝说他罢兵。在两位大王中，我总会劝说通一个。"

孟子说："我不想问得太详细，只想知道你的大意，你准备怎样去劝说他们呢？"

宋牼说："我告诉他们，交战是很不利的。"

孟子说："先生的动机是很好的，可是先生的提法却不行。先生用利去劝说秦王和楚王，秦王和楚王因为有利而高兴，于是停止军事行动，军队的官兵也因为有利而高兴，于是乐于罢兵。做臣下的心怀利的观念来侍奉君主，做儿子的心怀利的观念来侍奉父亲，做弟弟的心怀利的观念来侍奉哥哥，这就会使君臣之间、父子之间、兄弟之间都完全失掉仁义，心怀利的观念来互相对待，如此而国家不灭亡，是没有的事情。若是先生以仁义的道理去劝说秦王和楚王，秦王和楚王因仁义而高兴，于是停止军事行动，军队的官兵也因仁义而高兴，于是乐于罢兵。做臣下的心怀仁义来侍奉君主，做儿子的心怀仁义来侍奉父亲，做弟弟的心怀仁义来侍奉哥哥，这就会使君臣之间、父子之间，兄弟之间都完全去掉利的观念，心怀仁义来互相对待，如此而国家不以德政统一天下的，也是没有的事情。何必要去谈‘利’呢？”

背后的故事

孟子所说的宋牼也称宋钘，战国时宋国人，他高风亮节，孟子非常敬重他。

宋牼是个哲学家，继承了道家的思想。他认

为认识事物首先要破除成见，“见侮不辱”“使人不斗”；他反对战争，提倡化干戈为玉帛。我们读《仁义与和平》会觉得不可思议。宋先生，您是宋国人，秦国和楚国大打出手，和您有什么关系啊？需要您跑去劝架吗？但宋牼就是这样一个热心人，在他看来，战争只有坏处，没有好处，即使没有伤到他的个人利益，他也愿意站出来尽全力制止。

宋牼和齐国的哲学家尹文齐名，属稷下学派，两人共同创建了宋尹学派，是战国时期道家的几个重要流派之一。

古文趣味小课堂

稷下学宫是什么

稷下学宫是世界上最早的官方举办、私家主持的高等学府，由战国时期的齐桓公田午（注意此齐桓公不是“春秋五霸”之首的齐桓公姜小白）

创建。之所以叫稷下学宫，是因为其位于齐国国都临淄（今山东省淄博市临淄区）稷门附近。

齐桓公田午的儿子齐威王（也就是重用孙膑的那位）以宽容大度、从善如流著称，他治下的稷下学宫有“不任职而论国事”“不治而议论”“无官守，无言责”的特点，也就是不管你是谁、有钱没钱、有官职还是没官职，都可以随便议论国政，由此吸引了大量的知识分子来此交流探讨。战国时期的“百家争鸣”就是以稷下学宫为中心开展起来的，儒家、墨家、法家、名家、阴阳家、纵横家、道家、杂家、农家和小说家（合为“十家”）等各种学术流派，都活跃于此，奠定了中国思想发展的基础。孟子和宋牼都曾在稷下学宫讲学。

韩非子

背景链接

韩非（约前280—前233），出身韩国贵族，战国末期著名思想家，法家主要代表人物。他是荀子的学生，李斯的同学。著作有《韩非子》，是法家思想的集大成之作，因此后世通常称他为“韩非子”。很多成语典故如“深不可测”“唯唯诺诺”“靡靡之音”等均出自此书。

韩非之死：粉丝的爱是会消失的

韩非是韩桓惠王的儿子，曾和李斯一起拜入荀彧门下学习。要论学习成绩，韩非好太多了，李斯心悦诚服，自叹不如。

韩非天赋过人，对政治也很感兴趣，本来挺适合从政的，但他有口吃的毛病，说话结结巴巴，连亲爹听着都嫌费劲，没有耐心听完他的讲述，自然就难以接收到他观点中的精华。韩非曾热情地提出很多建议，希望以法家思想治理国家，但均未被韩王采纳。同时，韩非著书立说，用写文章的方式把自己的观点表达出来。他在写作上下了很大工夫，文章气势磅礴，逻辑严谨，文采斐然，在诸子百家中，可与他的老师荀彧比肩。

韩非的著作流传到了秦国，秦王嬴政读到《孤愤》《五蠹》等篇后，爱不释手，感叹不已："哎呀，我要能见到这个人就好了。如果能和他交往一番，我死而无憾。"李斯想要邀功，告诉秦王说："这个作者我认识，他叫韩非，是韩国人，和我是同学。"

秦王嬴政立刻献出了"粉丝"对偶像最惊悚的爱——攻打韩国。他想，韩国如果被秦国吞并了，那么韩非不也顺带着纳入自己麾下了吗？这样不仅能天天见到偶像，还能和偶像畅谈天下大事。哎呀，想想就好开心！他说干就干。韩国可惨了，全国上下都处在惊恐绝望之中，韩王不得不派韩非出使秦国。秦王嬴政非常开心，他和"偶像"都信奉法家的思想，酒逢知己千杯少，聊得很开心。

没想到二人很快翻脸了。秦王嬴政和韩非在政治方针和策略上一致，但在立场上是对立的。消灭六国、统一天下是秦国历代国君的梦想，为之奋斗了很多年，到了嬴政这一代，秦国离这个目标只有一步之遥。韩非深爱韩国，他当然不希望国家灭亡，同胞成为亡国奴。于是，韩非劝说秦王去灭赵国，等灭了赵国再来图谋韩国也不迟。但他的说法有个漏洞：如果秦国去攻打赵国，以赵国在军事上的实力，秦军必然会受到牵制，万一韩国去策应赵国，秦国可就腹背受敌了。韩国对秦国并不友善，在嬴政即位的那一年，韩国曾实行疲秦计划，派水利专家郑国去忽悠秦王搞大型水利工程——这种工程需要消耗大量的人力、物力、财力。韩国希望借此拖垮秦国，只是没想到却修成了利国利民的郑国渠。唉，偷鸡不成蚀把米。韩国用心之险恶，秦王嬴政都看在眼里。韩非会不会也是个细作呢？毕竟韩国在搞间谍战方面有前科。这时李斯站出来反对韩非的看法。秦王嬴政相信李斯和自己是一条心的，他支持李斯，坚持先灭韩国。

事情发展到这里，其实还有解。韩非如果愤而回国，尚能保住一条命，但他不甘心无功而返，硬要留在政治舞台上继续发光发热，这就为他的悲剧拉开了序幕。秦国有个出色的外交官叫姚贾，韩、赵、楚、魏四国曾计划联合起来攻打秦国，姚贾周游列国，用金钱贿赂各国王公大臣，瓦解了这个反秦联盟。韩非恨透了他，想要挑拨秦王嬴政和姚贾的关系，就上书说姚贾贪污了周游列国时的公款，结交各国权贵，假公济私；另外，姚贾年轻时犯过盗窃罪，名声很差，如果重用这种人，其他臣子会怎么看？秦王嬴政把姚贾叫来询问。姚贾的口才可不是韩非能比的，他口若悬河，对嬴政的每一项质疑都进行了解释：贿赂四国的王公大臣是要维护秦国的利益，如果是为了谋私，他在这四个国家中随便挑一个定居不就好了，为什么还回到秦国？他出使三年，钱确实花得不少，可也取得了丰硕的外交成果。大王，您来算算账，是和四国打仗花钱多呢，还是贿赂他们花钱多？这么做明明是花小钱办了大事啊。他又以姜太公、管仲、百里奚等人为例，说明一个人的出身、名声和他对君王的忠心不能画等号。秦王嬴政听后连连点头。李斯也在一边不停地吹风，说韩非这个人如此出类拔萃，他不能为秦国所用，就会为六国效力，阻碍秦国成就统一大业。

秦王嬴政一想，说得不错，不能用就杀了吧，我得不到的，别人也别想得到。于是他下令将韩非关进大牢。嬴政的爱，还真是来得快，去得也快，爱恨都在一瞬间。李斯一不做二不休，怕万一秦王嬴政反悔，就派人送去毒药，逼韩非自杀。可怜的韩非想再面见秦王嬴政一次，表明心迹，被李斯无情地拒绝了。嬴政后来果然后悔了，想赦免韩非。但是韩非已经死了。

作品选读 1

游说，进说。

进说这种事儿不仅讲究语言艺术，还需要有洞察力，找准需求点才好突破。

说难（节选）

凡说之难：在知所说之心，可以吾说当之。所说出于为名高者也，而说之以厚利，则见下节而遇卑贱，必弃远矣。所说出于厚利者也，而说之以名高，则见无心而远事情，必不收矣。所说阴为厚利而显为名高者也，而说之以名高，则阳收其身而实疏之；说之以厚利，则阴用其言显弃其身矣。[1]此不可不察也。

夫事以密成，语以泄败。未必其身泄之也，而语及所匿之事，如此者身危。

还记得《郑伯克段于鄢》吗？郑庄公的父亲就是郑武公，那个坚持把王位传给嫡长子的人。

昔者郑武公欲伐胡，故先以其女妻胡君以娱其意。因问于群臣："吾欲用兵，谁可伐者？"大夫关其思对曰："胡可伐。"武公怒而戮之，曰："胡，兄弟之国也。子言伐之，何也？"[2]胡君闻之，以郑为亲

郑武公正想着怎么向女婿表明心迹，关其思就一头撞上来了。

己，遂不备郑。郑人袭胡，取之。③

宋有富人，天雨墙坏。其子曰："不筑，必将有盗。"其邻人之父亦云。暮而果大亡其财。其家甚智其子，而疑邻人之父。④此二人说者皆当矣，厚者为戮，薄者见疑，则非知之难也，处知则难也。

交浅不可深言，你跟人家又不熟，说那么多干吗？

昔者弥子瑕有宠于卫君。卫国之法：窃驾君车者罪刖。弥子瑕母病，人间往夜告弥子，弥子矫驾君车以出。君闻而贤之，曰："孝哉！为母之故，亡其刖罪。"异日，与君游于果园，食桃而甘，不尽，以其半啖君。君曰："爱我哉！亡其口味以啖寡人。"及弥子色衰爱弛，得罪于君，君曰："是固尝矫驾吾车，又尝啖我以余桃。"故弥子之行未变于初也，而以前之所以见贤而后获罪者，爱憎之变也。故有爱于主，则智当而加亲；有憎于主，则智不当见罪而加疏。故谏说谈论之士，不可不察爱憎之主而后说焉。

罪该处以刖刑。刖，古代砍掉脚的刑罚。

用弥子瑕"余桃啖君"的故事论证同一个人在不同的时候做同样的事情，结果大不相同。

夫龙之为虫也，柔可狎而骑也；然其喉下有逆鳞径尺，若人有婴之者，则必杀人。人主亦有逆鳞，说者能无婴人主之逆鳞，则几矣。

通“撄”，触动。

每个人都有忌讳，进说的时候犯了忌讳，那对方肯定得“炸”。

解读

① 韩非对人性持悲观态度，他永远不会温情脉脉地劝人行善，只会揭露人心中那些不可言说的部分，告诉世人那些真实而残忍的游戏规则。如果他和孟子相比，口才他肯定不如孟子，但写作水平两人有一拼。

② 郑武公、郑庄公都是表面仁义道德，内里一肚子算计的人。真是爷俩儿！

③ 用郑武公伐胡的故事论证进说要挑时机。

④ 用智子疑邻的故事论证不同的人进说同样的事情，结果却大不相同。

译文

大凡进说的困难难在了解我所进说对象的心理，以便用我的话去适合他。进说对象想要追求美名的，而进说者却用丰厚的利益来游说他，就会被看成节操低下的人而得到卑贱待遇，必然会遭到抛弃和疏远。所进说对象想要追求丰厚利益的，进说者却用美名去游说他，就会被看作没有心计而又脱离实际，必定不会被采纳。进说对象暗地里追求厚利而表面却装作追求美名的，进说者如果用美名来游说他，他就会表面上接受而实际上疏远进说者；进说者如果用厚利来游说他，他就会暗地里采纳进说者的主张而表面上抛弃进说者本人。这些是不能不明察的。

事情因保密而成功，讲话因泄密而失败。不一定是进说者本人泄露了机密，而是进言者的话触及了君主心中隐匿的事，如此进言者就会身遭危险。

从前郑武公想讨伐胡国，故意先把自己的女儿嫁给胡国君主为妻使他高兴。然后郑武公问群臣："我想用兵，哪个国家可以讨伐？"大夫关其思回答说："胡国可以讨伐。"武公大怒，杀了关其思，说："胡国是郑国的兄弟国家，你说要讨伐它，是何道理？"胡国君主听说后，认为郑国和自己友好，于是不再防备郑国。郑国偷袭了胡国，攻占了它。

宋国有个富人，天下大雨，把他家的墙淋塌了。他儿子说："不把墙修好的话，必将有盗贼来偷。"他邻居家的老人也这么说。到了晚上，果然有大量财物被窃。这个富人认为自己的儿子很聪明，却对邻居家老人起了疑心。

关其思和这位老人说的都对，但重则被杀，轻则被怀疑，这说明并非知晓事实很难，而是处理所知晓的事实很难。这种情况不可不明察。

从前弥子瑕受卫国国君卫灵公的宠信。卫国法令规定：私自驾驭国君车子的，要处以砍脚的刑罚。弥子瑕的母亲病了，有人抄近路连夜通知弥子瑕，弥子瑕假托君命驾驭君车出城。卫灵公听说后却称赞他好，说："真孝顺啊！为了母亲的缘故，忘了会被砍脚的刑罚。"另一天，弥子瑕和卫灵公在果园里游玩，他吃了一个桃子觉得很甜，没有吃完，把剩下的半个给卫灵公吃。卫灵公说："弥子瑕多么爱我啊！忘了这是他自己喜欢吃的东西而把剩下的桃子给我吃。"等到弥子瑕容颜衰老宠爱减退时，得罪了卫灵公，卫灵公说："这人原本就曾假托君命私自驾驭我的车子，又曾经把吃剩的桃子给我吃。"

所以，虽然弥子瑕的行为和当初没有变化，但先前被认为是美德的行为后来却成为获罪的原因，这是君主的爱憎有了变化。所以被君主宠爱时，才智就显得恰当而更受亲近；被君主憎恶时，才智就会被认为不恰当并被治罚，与君主的关系也会疏远。所以进谏陈说的人不可不察看君主的爱憎，然后才对君主进说。

龙这种动物，驯服时可以戏弄它骑着它，但它喉下有一尺来长的倒长着的鳞片，如果有人动了这些鳞片的话，龙一定会杀了他。君主也有倒长着的鳞片，游说进言的人能不触动君主的倒长着的鳞片，那就差不多（成功）了。

背后的故事

韩国在“战国七雄”中实力最弱，国家法制松弛，朝令夕改，贤能之士受到冷落，而夸夸其谈者则被委以重任。韩非早就看不下去了，他想把一肚子的法家思想学以致用，让国家迅速富强起来；但是无论他怎么劝说，韩桓惠王就是左耳朵进右耳朵出。当爹的打定主意要守摊子，儿子能有什么办法？也就是说，连自己亲爹都说服不了的韩非写了一篇沟通学专著《说难》来指导大家如何说服他人。当然文章写得还挺有料，司马迁就特别欣赏，他在《史记·老子韩非列传》中用浓墨重彩讲了《说难》这篇文章。

古文趣味小课堂

龙到底有几个爪

在中国古代绘画中，有的龙长了三个爪，有的龙长了四个爪，有的龙长了五个爪。人们不禁要问，龙到底有几个爪?

元代以前，龙基本上是三爪，有时前足为三爪，后足为四爪。到了元代，五爪二角为龙。明代四爪龙渐成风潮，到了清代，五爪为龙，四爪为蟒，五个爪子的龙是皇帝的象征。

作品选读 2

名旷，字子野，春秋后期晋国乐师。

师旷撞晋平公

晋平公与群臣饮，饮酣，乃喟然叹曰："莫乐为人君，惟其言而莫之违。"① 师旷侍坐于前，援琴撞之②。公被衽而避，琴坏于壁。公曰："太师谁撞？" 师旷曰："今者有小人言于侧者，故撞之。"③公曰："寡人也。" 师旷曰："哑！是非君人者之言也。" 左右请除之。公曰："释之，以为寡人戒。"④

（喝得）正高兴的时候。

通"披"，披着。晋平公要披上外套再避开，好从容呀！

即撞谁。

表示不以为然的惊叹声。

解读

① 这种话躺在被窝里想想也就算了，晋平公还真说出来啊！相当于说，我投胎投得好，是可以为所欲为的。这不讨打吗，又不是靠自己努力得来的，有什么好吹的？

②好好的一把琴就这么毁了。因主人撒气而毁，琴招谁惹谁了？晋平公和师旷，真是一个没头脑，一个不高兴。

③国君吹个牛而已，怎么就成小人了？师旷这话说得也太重了。而且提意见就提意见，干吗指桑骂槐，还要砸琴？韩非的评价是："平公失君道，师旷失臣礼。"

④如果晋平公惩处师旷，那就坐实了自己是"小人"的事实，所以只好装出一副大度的样子。事情的起因是晋平公酒后失德——当国君真爽，想干啥干啥，谁都不敢违背我的意愿；事情的结局是他火速被打脸，国君不仅不能为所欲为，还得打落牙齿和血吞。这哑巴亏吃的，估计左右大臣都在拼命忍着笑。

译文

晋平公和臣子们在一起喝酒，喝得高兴时，他得意地感叹："没有什么比做国君更快乐的了，只有他的话没有谁敢违背。"乐师师旷正在旁边陪坐，听了这话，便拿起琴撞向晋平公。晋平公连忙披起衣襟躲避，琴撞在了墙壁上撞坏了。晋平公说："太师，您撞谁呀？"师旷说："刚才有个小人在我旁边讲话，所以撞他。"晋平公说："刚才说话的人是我呀。"师旷说："唉，这不是当君主的人应该说的话。"左右臣子要求晋平公惩办师旷，晋平公说："免了吧，我要把师旷讲的话当作一个警告。"

背后的故事

师旷之所以这么"勇"，是因为他太出色了。在晋平公的父亲晋悼公时期他已经入朝为官，是个不折不扣的老干部。除了资历老，他本事也大。

师旷是个政治家，官拜太宰，"总六官之事，事无所不统"，是执掌国政的主要大臣，级别相当高。

师旷的政绩如何呢？史书上说他“大治晋国”，晋“始无乱政”。最难得的是，他最早提出了“民贵君轻”的思想，认为百姓是国家之本，应对百姓施以仁政。（不要误会，他不是孔子和孟子的学生，因为他在政坛呼风唤雨的时候，孔子和孟子还没有出生。）

师旷还是个音乐家，不仅能弹琴，还会搞创作，代表作品可厉害了，流传千古的古琴名曲《阳春》《白雪》就是他写的。师旷是个盲人，精于辨别乐音，有个成语叫“师旷之聪”，就是夸他那非同寻常的耳力的。

师旷口才很好，经常教育晋悼公、晋平公父子，话说得句句在理，令人无从反驳。有个故事叫《师旷问学》。晋平公问师旷说：“我现在七十岁了，开始学习会不会太晚了。”师旷回答道：“少年的时候喜欢学习，就像初升的太阳一样光明灿烂；中年的时候喜欢学习，就像正午的太阳一样光芒热烈；晚年的时候喜欢学习，就像点燃的蜡烛一样明亮。点上蜡烛走路和在黑暗中走路，哪个更好呢？”（这类比用得多棒！）

师旷还是个鸟类学家，著有学术专著《禽经》，是我国最早的一部鸟类学著作。

司马迁说：“夫贤士之处世也，譬若锥之处囊中，其末立见。”意思是有才能的人活在世上，如同把锥子放在袋子里，锥尖会露出来。这句话简直就是为师旷量身定做的。

古文趣味小课堂

晋平公只会搞笑吗

在那些耳熟能详的历史故事中，晋平公就像个捧哏的角色，他的存在好像仅仅是为了衬托他人的高明。他问师旷，年纪大了，还想学点新东西，会不会太晚了啊？被师旷一通教育。他问祁黄羊，为什么推荐仇人解狐和儿子祁午？祁黄羊给出了精妙的回答：你问的是谁适合，又没问我仇人和儿子是谁。在本篇故事中，他酒后失言，给了师旷一个机会去表现不畏权势的正直品格，自己倒成了笑话。

春秋时期，晋国属于大国，晋平公担任国君二十多年，东揍齐国，南打楚国，一度恢复了春秋霸主地位。晋平公姓姬，名彪，人如其名，彪得很！

可惜晋平公没有以彪悍的姿态走完一生。执政前期，他勤勤恳恳，兢兢业业；后期加重赋税，修建了很多亭台楼阁，且大权旁落赵、魏、韩三家——他忙着找乐子，把工作都分给六卿干，顺带着把权力也分了出去。公元前544年，吴国一位使者出使晋国，看到晋平公的荒诞行为后对韩、赵、魏三家的当家人说：晋国的政权，早晚归你们仨。果然一百多年后，韩、赵、魏分晋完成。